山

野草が
ハーブや
スパイスに
変わるとき

Japanese Herbs & Spices

Tomomichi Yamashita

山と溪谷社

『野草と暮らす365日』の出版から4年が経った。流れに身をゆだね、野草研究家としての自分にも少し慣れてきた気がする。しかしこの4年で世の中の情勢は誰しもが想像出来ない世界へと豹変した。自分にはこれから何が出来るのだろうか？　そう自問自答した日々もあった。

そんな日々の中でふと周りを見渡すと、そこには植物たちがいて、あの頃と何ひとつ変わらない表情で私を見つめていた。何ひとつ変わらない。植物たちはそう思わせてくれた。私はいつも通りに彼らの魅力を沢山の方々に伝えていく。改めて見つめ直すそんな時間でもあった。

4年前に比べて研究機関、商品開発、著書の監修、ホテルのプロデュースなど様々な業界からお声がけを頂き、私も日々、植物たちの魅力を体感している。植物を通じて、沢山の笑顔に出逢い、それを通じて頂いたご縁は私の大切な宝物である。改めて植物に出逢えて良かった。あの頃より、その思いは増すばかりだ。

　日本は島国で四季があり、沖縄の亜
熱帯から北海道東部の亜寒帯まで多様
な植物たちが生育している。しかし残
念な事に、少し前の野草本では常連
だった野草たちも、令和時代になって、
そっとしてあげないといけないくらい
稀少な扱いとなってしまった。また、
様々なムーブメントなどで新たな植物
たちが定着しているのも現実である。

　先人たちが築き上げてきた、野生植
物の加工や調理法等を尊重しながら、
私なりに新たなエッセンスを加え、野
草をハーブやスパイスの世界へと誘い
たいと思い、渾身の活用術をご提案さ
せて頂いた。日々の暮らしが、ふとし
た瞬間に豊かだと思えるようなそんな
一冊になれば著者冥利に尽きる。

CONTENTS

西洋ハーブに似ている日本で見られる野生植物

有毒植物

コラム：活用法

本書をお読みになる前に

章立てについて

木本編と草本編について
生物学では木（樹木）を「木本」、草（野草）を「草本」と言い、これに倣って、一般的な樹木を木本編、草花を草本編としました。

菌類や藻類について
本書で紹介しているキノコ類や海藻類は、現代でこそ、細かく分類群を作っていますが、万葉集や李時珍の『本草綱目』などでは、薬用植物としてキノコや海藻も記載されています。したがって本書でも分け隔てなく、菌類や藻類もハーブやスパイスとしてひとつの章立てにしました。

植物の効能について
植物の効能については、主なものだけを掲載しています。また効能が確定していない植物に関しては、不明と表記させていただきました。

植物の掲載順について
基本的には章ごとにアイウエオ順に掲載していますが、ページ取りの関係で前後している植物がありますのでご了承ください。

採集するときには

●本書に登場する植物は、全て持ち主の許可を得て採集しています。公園や植物園等、採取が禁止されている場所ではくれぐれも摘まないように注意してください。

●食草・毒草の区別については、野生植物の知識を持つ人と一緒に摘むようにしてください。素人判断は危険です。

●とりわけキノコについては食毒の判断が難しいため、本書では、専門家と一緒に採集したキノコを基本的に紹介しています。

●野生植物とはいえ有限です。花や実、葉をはじめ、根こそぎ摘んで絶やしてしまわないよう、次の年に残す配慮をお願いします。

木本編

暮らしに役立つ木の葉や木の実

各地で増え続ける、昔から重宝されてきた立派な生薬

アカメガシワ

Mallotus japonicus (L.f.) Müll.Arg.

トウダイグサ科アカメガシワ属

効能	鎮痛・胃潰瘍・十二指腸潰瘍・あせも・かぶれ

本州〜沖縄の丘陵地に分布し、最も一般的に発見できる樹木ではないだろうか。裸地になった場所に一番最初に芽を出す、いわゆるパイオニアプランツ（先駆植物）で、都会でも伐採地や崩壊地などの裸地で必ずと言ってもいいほど見かける。樹高は約5mで落葉小高木、幹は分枝して繁茂し、樹皮は褐色で葉は互生し倒卵円形で、基本的には3浅裂する。ごく普通にあるこの樹木が、実は日本人にとって非常に様々な文化に根付いている樹木なのは意外に知られていない。

和名の通り、新芽の葉は特に赤い。この赤い色は葉の色素ではなく、葉の表面に生えた毛の色なのである。紫外線や昆虫の食害から守る役目があるものとされ、葉が展開して大きくなるにつれて毛は落ち、緑色の葉に変わっていく。

アカメガシワには甘い蜜を分泌する器官が実は花ではなく、葉柄の付け根にある。専門用語では花外蜜腺と言い、若葉を過ぎた頃から蜜を分泌し、アリを誘引し、そのアリが植食者を攻撃し身を守るといった仕組みを作り上げている。

採取したらまず水洗い

新鮮でピンっとした葉はすぐに使いたいところだが、寄生虫やさまざまな汚れも気になるので先ずは優しく洗う。オススメの洗い方はボウルや桶に水を張って中に入れ、10分ほど浸けておき、後に手で葉の感触を確かめながら洗う方法。そして最後に流水で洗う。

花は雌雄異株で、5〜6月に黄色い花を咲かせる。写真の雄花は多数の雄しべを沢山並べ、遠くからでも存在感十分である。雌花は雌しべだけの構成となり、雄花よりはかなり控え目である。

葉っぱの乾燥

洗って水気がなくなった事を確認したら、基本的には日陰で風通しの良い場所に広げ乾燥させる。天日ではなく陰干しのメリットは、植物の持つ香り成分が揮発してしまうのを防ぐため。

アカメガシワのつづき

樹皮のカレー

私はほんのり苦味がある樹皮が好きだ。これを乾燥させ、ミルサーで粉砕し、パウダースパイス同様にカレーに少々加える。するとまるで珈琲を加えたかのようなほろ苦さがアクセントとなる。

送り団子

蒸した葉で包んだ団子は「送り団子」とされる。熊本県の津奈木町では「おひょろさん」と呼び、精霊送りのための送り団子、すなわちご先祖様の魂と共に送り出すお団子として今尚残る貴重な文化である。

ほろ苦さがたまらない、
驚きのスイーツに変身

これぞ
裏技

アカメガシワの
スノーボールクッキー

材料全てをしっかり混ぜ、ひとまとまりにしたら小分けし、600Wで2分加熱したら完成。ヨモギの花をアクセントに添えて。材料：薄力粉100g、樹皮パウダー小さじ2、砂糖40g、バター45g（サラダオイル40gでも可能）。

アクシバ

Vaccinium japonicum Miq.

ツツジ科スノキ属

効能	胃の保護作用・視力の改善・抗酸化作用

北海道〜九州の冷温帯に自生。山地の林縁や林内にやや稀に生育するツツジ科スノキ属の落葉低木。スノキ属とはブルーベリーやビルベリーなどが属すグループで本種も美味しく頂けるワイルドベリーである。和名は漢字で灰汁柴と書き、様々な説はあるが、本種を燃やして作った灰汁を、染め物の灰汁抜きに利用した事が有力とされている。

ルビーのように赤く、森の宝石ようである。艶やかなワイルドベリーを大切に摘んでいく。非常にジューシーでチェリーのような味わい。

近縁のベリーとの違いは、鈴のようにベリーを下に垂らすところもポイントだろう。何から何まで愛らしいベリーである。

名前の由来は灰汁抜きに使ったことから

これぞ
裏技

ほんのり甘みの薬膳ドリンク
アクシバのサンメイタン

漢字では酸梅湯（サンメイタン）と書き、台湾や中国ではメジャーな、生薬などで作られた美容薬膳ドリンクである。一般的には烏梅（ウバイ）と山楂（サンザシ）等で作るが、今回は烏梅、アクシバ、陳皮（チンピ）、蘇葉（ソヨウ）を煮出し、氷砂糖を加えて作ってみた。夏場の暑い日に冷やして頂くと、夏バテ防止に。色もアクシバのルビー色が美しい。

イヌビワ

Ficus erecta Thunb. var. *erecta*

クワ科イチジク属

効能	浄血・神経痛・リウマチ・脚気

味もカタチもまるで小さなイチジク

本州関東以西、四国、九州、沖縄の海岸や沿海の山地に自生する落葉低木。雌雄異株で、花期は4〜5月頃。果嚢（かのう）は8月末〜10月頃に黒く完熟する。その名にビワとついているが、バラ科のビワの近縁ではなく、クワ科イチジク属でどちらかというとイチジクの近縁種である。果嚢も美味であるが、春先の新芽はクセがなく食感が良いので、おひたしや汁物にもオススメ。

果嚢はかなり皮が薄く、剥かなくてもそのまま頂ける。ほんのり甘く、滑りがある野山のスイーツ。

生でも美味ではあるが、乾燥させることで糖度とイヌビワ本来の味が凝縮され、バターやクリームチーズに混ぜても美味しい。

黒く熟した果嚢をマリネに
イヌビワとオカラのマリネ

イヌビワの熟した食感とオカラのパサパサ感がマッチした一品。お好みでイカなどシーフードを加えても良し。普段の食卓の前菜に小皿で秋を感じてみては。ワインにも合う。
材料：オカラ100g、白ワインビネガー大さじ2、塩小さじ1/2、蜂蜜大さじ1、オリーブオイル大さじ1にジューシーなイヌビワの果嚢をお好みで加えたら完成。

これぞ
裏技

イワナシ

Epigaea asiatica Maxim.

ツツジ科イワナシ属

効能　滋養強壮

ナシに似た味わいに由来する森の果実

北海道～本州日本海側で山地の林内の岩場などに生育する常緑小低木の日本固有種である。一見、草本のように見えるが、れっきとした樹木。小さな果実はナシの味に似ており、山野の岩場に生える事から岩梨と言われている。山を知り尽くした、行者やマタギからも愛され、なかなか自生地を教えてもらえない幻の木の実である。一度、口にしたらあなたもきっと虜になる。

花は可愛らしい釣鐘形。花期は春～初夏、さくら貝のような薄紅色の花を咲かせる。

イワナシ酒

田舎では様々な薬酒を浸け、御披露目して頂くことが多い。しかし、よほど親しくならない限り、出してもらえないのがイワナシ酒である。

イワナシ酒の スイーツバリエーション

基本的にイワナシは果実を摘み、乾燥させず、このフルーティーな香りを十二分に活かすため、フレッシュなまま40度のウォッカに浸ける。ひと月もすればフレーバーを取れるので様々なスイーツのアクセントにしてみた。

シャーベット

これぞ **裏技**

一般的なシャーベットのレシピにイワナシ酒を加えてみた。

溶かしたゼラチンに砂糖、甘酒、イワナシ酒を加えれば完成。材料：甘酒250㎖、粉ゼラチン5g、砂糖大さじ1、イワナシ酒大さじ1。

甘酒ゼリー

ひと口バニラアイス

ホイップクリームを混ぜる段階でイワナシ酒を加えてかき混ぜる。それだけで、上品な味わいに変身する。

15

エビヅル

Vitis ficifolia Bunge

ブドウ科ブドウ属

効能	蔓・茎：渇き止め・利尿
	根：焦痛下げ
	果実：渇き止め・利尿

北海道を除く日本各地に分布するブドウ科の落葉蔓性植物。ヤマブドウよりも標高の低い、明るい場所を好み、各地の海辺や里山の林縁に良く見られる。全国を旅しているとちょっとした形態が異なる変種に気づく事がある。エビヅルより圧倒的に葉が大きな、伊豆諸島変種のシチトウエビヅルや沖縄では全体的に葉の切れ込みが浅くのっぺりしているリュウキュウガネブなどにも遭遇した。

古代からこの野生ブドウは貴重な薬草として重宝される。私の故郷、北九州の小倉城下では、細川家により、いわゆる秘薬として日本最古のブドウ酒「伽羅美酒」が誕生した。

フレッシュの実は、いわゆる甘いブドウとは異なり、酸味が特徴的である。このブドウ本来の野性味のある酸味が様々な料理やスイーツにマッチする。

私が沖縄に行った際、よくおやつにしているのがこのリュウキュウガネブ。本種に比べ、ほんのり塩味があり、渇いた喉を癒してくれる。

乾燥レーズン

私はオーブンより、天日干しする方法が大好きで、オーブンで乾燥させるよりも、旨味が凝縮されている。

エビヅルのクッキー

ストックしておいた、乾燥エビヅルをクッキーに加えてみてもOK。市販のレーズンに比べ、甘みは無いが酸味と風味がとても美味しい。

エビヅルのバター

常温で戻したバターに加えて、エビヅルバターに。ガレットやパンはもちろん、肉料理にも使える。

ブドウの
ミニサイズのような
秋のごちそう

さっぱりと大人の味わい
エビヅルのジェラート

果実を食べた時に感じる酸味には、クエン酸、リンゴ酸、ワインにも含まれる酸味成分の酒石酸などの有機酸がある。疲労回復を促す木の実としては、このエビヅルのジェラートは最適である。

干しブドウより濃い
味わいのグラノーラ

乾燥エビヅルのかりっとした食感がグラノーラにマッチ。モーニングでヨーグルトと蜂蜜なんかにもこのミックスグラノーラは活躍する。

これぞ
裏技

これぞ
裏技

エビヅルは種子を外し、皮が残ったままの状態を凍らせ、それを約300g、牛乳50㎖、砂糖大さじ1を準備し、ミキサーに材料を全て入れ、なめらかになったら完成。

オオウラジロノキ

Malus tschonoskii (Maxim.) C.K.Schneid.

バラ科リンゴ属

効能　疲労回復・整腸作用・抗酸化作用

本州、四国、九州に分布し、山地のやや乾いた尾根などに生育する。樹高は10〜15m、幹の直径は30〜40cm。新枝は黄緑色で綿毛が密生し、成長すると無毛となり、さらに赤褐色になり、まるい皮目ができる。葉は互生し、葉身は長さ8〜14cm、幅4〜9cmになる楕円形、不ぞろいな鋸歯か重鋸歯になり、若い葉は両面とも白色または淡黄色の綿毛が密生する。葉の裏面は触り心地が良いビロード状でついつい撫でてしまう。花は桜のような花で、直径2.5〜3cmの花を数個つける。花は白色、まれに淡紅色を帯び、花弁の端は丸く、基部は細くなる。10月から山に探索に入ると、稀に道端などで、落ちている果実に出逢える。リンゴの香りで気づくこともある。

果実はナシ状果。直径2〜3cmの球形で、頂部に萼片が残っている。非常に愛らしいミニチュアリンゴ。

まずは果実酒で味わう

本種の果実酒は山野の木の実では絶品と言われて私も試してみたが、野性的なリンゴの強い酸味が非常に良かった。代表品種の紅玉やジョナゴールドを彷彿、いやそれ以上の酸味ではないだろうか？1813年にフランスで産まれたノイリー・プラットにも似た、非常に深みのある独特な甘酸っぱい味は第一級の山の幸。

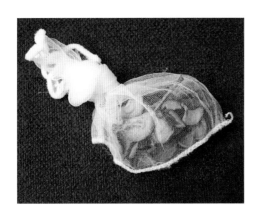

バスタイムを満喫

さわやかなリンゴの香りが浴室いっぱいに広がる究極の果実風呂。より香りを堪能したい場合は、フレッシュなものをスライスし、麻布にくるみ使用する。リンゴ類に含まれているリンゴ酸といった酸味成分が皮膚に浸透し、血行を促進する。

リンゴのような酸味の果実を活かす

さわやかな酸味がソースに大活躍
オオウラジロノキのジャム

一番試してみたかったのは、オオウラジロノキで作るリンゴジャム。この酸味は間違いなく、ジャム向きな野性リンゴである。

これぞ
裏技

皮のまま、薄くスライスし、硬い種子は取り除き、同量の砂糖を加えて煮る。

20分ぐらいでとろみは出てくるが一般的なリンゴに比べ、ペクチンは少ない。

柔らかくなってきたら、一度冷まし、ミキサーでペーストにする。

ヨーグルトはもちろん様々なスイーツに使用。

豚肉と相性が良く、甘味のある肉に添えて頂く。

19

オキナワニッケイ

Cinnamomum sieboldii Meisn.

クスノキ科ニッケイ属

効能 **芳香健胃薬・消化不良の改善・血圧降下・鎮痙作用**

本種は沖縄県固有のシナモンである。非石灰岩地を好み、徳之島、沖縄島北部、久米島、石垣島に分布し、沖縄本土では主にやんばる亜熱帯林に分布、または栽培されている。私が日本中を駆け巡り、シバニッケイ、マルバニッケイ、ヤブニッケイ、ニッケイ等様々なシナモンに出逢いその都度香りを嗅いだり、枝をしゃぶったりしてきたが、オキナワニッケイが日本のシナモンの中でナンバーワンだと思う。スパイシーな香りの中にほんのりジンジャーと薔薇のような華やかな香りが見え隠れする芳香は、数あるシナモンの中でも一級品。その香りは琉球王朝時代から愛され、薬用はもちろん、桂皮油、木材として多くの用途で重宝された。今も尚、大宜味村では、オキナワニッケイをカラキと呼び、樹皮や葉を泡盛に浸けたりしている。

樹皮は老木になると鱗のようになり、爪で剥がすとほんのりシナモンの香りがする。一般的なシナモン、すなわちセイロンニッケイやシナニッケイは内樹皮が香料として使用される。

シナモンの香りを連想する芳香成分シンナムアルデヒドは、葉にも多く含まれており、少しこするだけで香りがする。

香りが重要なものは、しっかり陰干しがポイント。本種に含まれる、オイゲノールやシンナムアルデヒドは香りが劣化しやすいので、がさがさ洗わず、あまり葉を傷つけないように洗い乾かす。

シナモンより優しいほんのりとした香り
パウンドケーキ

オキナワニッケイのパウダーは市販でも流通しているが、乾燥させた葉や枝を粉砕し、ミルサーでパウダーを作る。香りの劣化が気になる場合は密封できる袋や容器に入れて冷暗所に保存するのがオススメ。

常温に戻したバターをボウルに加えクリーム状になるまで混ぜ、砂糖を加えて白っぽくなるまで混ぜる。溶き卵を2回に分けて加え、薄力粉、オキナワニッケイパウダーをふるい入れて粉っぽさがなくなるまで切るように混ぜる。180℃に予熱したオーブンで40〜50分焼きあげる。材料：溶き卵1個分、砂糖120g、薄力粉120g、オキナワニッケイパウダー大さじ2、無塩バター120g。

数ある日本の
シナモンの中でナンバーワン

大学芋

通常の大学芋も十分美味しいが、味変でシナモンパウダーを少しかけるだけで、また別のスイーツに変身する。お好みでアイスクリームを添えてみてもいい。

代謝を上げる効能を活かして
オキナワニッケイの丸薬風

これぞ
裏技

ニッケイの仲間は生薬でも有名で、シナニッケイが桂皮として様々な漢方薬に配合されている。江戸時代から伊勢で愛されてきた丸薬「萬金丹（マンキンタン）」にも配合されているというから驚きだ。形を真似て、オキナワニッケイパウダーときな粉と蜂蜜で丸薬風おやつを作ってみた。

カーブチー

Citrus keraji var. *kabuchii* hort. ex Tanaka

ミカン科ミカン属

効能　鎮静作用・抗菌作用・抗酸化作用

皮が分厚い沖縄のミカンは香酸柑橘のひとつ

沖縄県原産で古くから栽培されてきた、ミカン科ミカン属の柑橘。ここ数年、沖縄にご縁があり、よく仕事で行かせて頂くのだが、衝撃を受けた琉球薬草のひとつではないだろうか。シークヮーサーは有名であるが、このカーブチーと出逢ったのはマーケットのアロマコーナー。カーブチーの精油を嗅いだ瞬間、一瞬で大ファンになった。カーブチー独特の香りはγ-テルピネンとα-リモネンという成分が含まれており、沖縄の青い空にぴったりな清涼感のある芳香である。

皮が分厚くゴツゴツして、そこから「皮（が）分厚い」の意味でカーブチーとついた。皮をうまく活かしたいと思い、ドライにして保存している。

カーブチーコショウ

ヘタを外したカーブチーの皮をすりおろし、青唐辛子と塩を合わせたら完成。柚子とはまた違い、清涼感がクセになる。

これぞ裏技

皮の風味でひと工夫
カーブチー出汁饅頭

レンコンを粗みじん切りにし、自然薯は皮を剝いてすりおろし、塩を加えてよく混ぜる。4等分にして丸め、ラップをしたままで耐熱皿にのせ、電子レンジ（600W）で5〜6分加熱し、カーブチーの皮を細かく刻み散らしたら完成。味は餡掛けや出汁で召し上がれ。
材料：レンコン（1節）、自然薯50g、きぬさや2枚、塩1g、カーブチー皮適量。

カジノキ

Broussonetia papyrifera (L.) L'Hér. ex Vent.

クワ科コウゾ属

効能	強壮作用・利尿作用

葉はかなり美形で、古来は器としても好まれたとか。また家紋のモチーフとして描かれ、一枚の葉を描いた「立ち梶の葉」やその葉の端部を尖らせた「鬼梶の葉」等が有名。

9月頃に熟し、真っ赤な実は甘みがあって生食できる。またビタミンB、リノール酸、オレイン酸を含み、2〜3日水に浸し日干しさせたものは生薬の楮実として中国では重宝されている。

葉っぱや果実の造形美に魅せられる

中国を原産とするクワ科コウゾ属の落葉高木。近縁のコウゾやヒメコウゾ同様に樹皮を製紙の原料とする。日本へ渡来し、各地で栽培されていたものが野生化し、現在では中南部以西の本州、四国及び九州に分布し、面白いことに新宿御苑あたりでかなり野生化したものを見かける。古来から「神に捧げる木」として神社の境内に植えられたりしている。また七夕の短冊として宮中で使用されていた。

七夕の短冊にもなる葉っぱを使って
カジノキを練り込んだパン

塩を少々加えて葉を茹でて、冷水に浸し色を戻す。その後、水気を切り、まな板の上に置き、包丁で細かくする。最後にミキサーでペーストする。粘りが出てきたら完成。この状態でパンを作る工程に加える。葉を乾燥させたパウダーも良いが、ペーストの方が粘りとモチモチ感が感じられる。コウゾやヒメコウゾでも代用可能。

これぞ
裏技

キハダ

Phellodendron amurense Rupr. var. *amurense*

ミカン科キハダ属

効能　消炎・健胃

北海道〜九州までの広い範囲に分布するミカン科キハダ属の落葉高木。山地の沢沿いなどに特に多い。葉は対生し奇数羽状複葉で小葉は5〜13個。小葉は楕円形で先端が尖り、長さ5〜12cm、幅3〜5cmほど。花期は6月で枝先に黄色い小さな花を円錐花序につける。枝や葉に独特の臭みがあり、口に含むと猛烈に苦い。薬用部位は幹の内皮で、12〜13年以上のものを黄柏(オウバク)として胃腸薬に古来から重宝されてきた。

薬用や
染料だけでなく
ふだん使いも

キハダの幹の皮を剝ぐと、鮮やかな黄色が現れる。この黄色は、ベルベリンという色素によるものである。虫の食害などから自身を守っているのだろうか。

上の写真は、自宅のまだ数年しか経っていないキハダの皮をサンプルとして剝いでいるが、本来は12年以上のものを7〜8月、梅雨明け後の夏の土用の頃に行う。この時期のものは水分を含み、外皮と内皮が最も分離しやすいからである。

キハダ軟膏

内服する薬として、奈良県の陀羅尼助などは有名であるが、軟膏としても江戸時代から重宝されている。キハダのベルベリンを主成分とした中黄膏は医者の華岡青州が外用の漢方製剤として考案したもの。

内皮を細かく割き、セサミオイルに浸け、低温で煮出し、ハーブ浸出油（インフューズドオイル）のようなやり方で作る。

樹皮だけじゃなく実も食用に
キハダの実の七味唐辛子

キハダの実は、知る人ぞ知る伝説のスパイス。ジュニパーベリーのような黒い実は、あふれんばかりの芳香とサンショウと陳皮を混ぜ合わせた清涼感が後味に残る。普段七味唐辛子を作る時に、サンショウの代わりにキハダの実を加えてみた。

これぞ
裏技

キハダとサツマイモの蒸しケーキ

牛乳にキハダの内皮を少々加え、少し煎じ、牛乳が黄色く染まったら火を止め冷ます。それを、普段作る蒸しパンのレシピに加えるとほんのりレモン色に染まり、ほろ苦さとサツマイモの甘さがマッチする。

キハダの実の七味唐辛子をアクセントにした香草焼き

キハダの実を粉砕し、七味に混ぜる。陳皮のようなさわやかな芳香とほろ苦い後味がアクセント。香草焼きにも重宝。

クスノキ

Cinnamomum camphora (L.) J.Presl

クスノキ科ニッケイ属

効能　神経痛・しもやけ・打撲傷

本州（関東南部以西）、四国、九州、韓国（済州島）、中国中南部などの暖地に生え、広く植栽される常緑高木。日本のものは、古く中国から導入されたと考えられている。成木の樹皮は暗褐色で、縦にくぼみ、やや深い割れ目がある。若い木の樹皮には葉緑素があり、幹でも光合成を行っている。フレッシュな葉や若い枝を擦るとスーっとした芳香があり、これはテルペノイドの一種である樟脳の作用で、材は、耐朽性、保存性に優れ、このため飛鳥時代の仏像の多くは、クスノキ材からできている。

ダニ室というのは、葉の脈と脈の間にできる、小さな部屋。つまり植物側がダニのためにわざわざ作る器官のこと。フシダニ類が住み、ダニ室を産卵場所や避難場所として使い、代わりにこれらのダニが葉に害を与える植食性のダニやカビなどを退治していると考えられている。

クスノキとホウショウ

ホウショウはクスノキの変種あるいは亜種とされ、台湾及び中国南部に分布する。台湾に行った際には、台北で街路樹としてしばしば見かけた。アロマ業界ではホーリーフと呼ばれ、エッセンシャルオイルは人気。クスノキと異なり、ホウショウはリナロールが主成分で、リラックス作用がある。

葉の幅が一番広い部分が異なり、ホウショウは葉の中部に対してクスノキは下部が一番広くなっている。

香りの成分を活かして
本格派に仕上げる
クスノキのポプリ

ホコリやゴミが付いてない綺麗な落ち葉を拾い集め、優しく洗い水気を取る。

フライパンに入れ、弱火で焦げないように、乾煎りする。

乾煎りしてパリパリになった葉を、手で粉砕し、ボウルに入れる。クスノキの精油を1～2滴垂らし、素手で混ぜず菜箸やトングで馴染ませたら完成。

花言葉は「芳香」、香り高く寿命も長い

これぞ
裏技

精油成分を利用して
クスノキの
痒み止めバーム

クスノキの若い枝や葉をフレッシュな状態で、細かく刻む。シアバター10g、ホホバオイル15gと共にビーカーに加え湯煎にかける。溶けて馴染めば完成。お好みで薄荷などの精油を加えても良い。

クロマツ

Pinus thunbergii Parl.

マツ科マツ属

効能	低血圧症・冷え性・不眠症・去痰・膀胱炎・動脈硬化症・糖尿病・リウマチ・神経痛・健胃・疲労回復

青くて硬い塊にある表面のヒダが乾燥すると開き、中に翼が付いた種がたくさんつまっている。

生命力溢れる青々とした松毬を見ると、なにか色々試してみたくなり、ついつい採取してコレクションしている。

本州、四国、九州の海辺を中心に自生する二葉松のマツ科の常緑高木。樹高40m、幹の直径は2mにも達し、しばしば著しく曲がって太い枝を張る。生命力が強いため、古くから長寿と繁栄を象徴する縁起が良い木として和風庭園の主役に植栽された。和名のマツは、神を「待つ」、神を「祀る」の由来が私は好きである。また常緑であることからマトノキ「真常木」に由来していると言う説もある。

門松だけじゃない、食用としても大いに役立つ

フレッシュな松葉を取り、綺麗に洗い水分を切ったらアンチョビ缶のオイルに松葉を浸け込む。クロマツの芳香成分ピネンが移る。

葉は針状葉が2個ずつ対になって付く。2葉性で葉の基部でうまく束ねてある。

葉の表面を顕微鏡でクローズアップ。白い点々が、列をなしている。マツの気孔はこの穴の奥にあるのだ。

アカマツとクロマツ

見ての通り、アカマツは木肌が赤い、クロマツはくすんだ茶色または黒色をしている。

アカマツの葉身は細く、先端は尖っているが痛くない。クロマツの葉身は太く、先端は鋭く尖り、触ると痛い。

松毬の
コーディアル

フレッシュな松毬とシナモンスティックを加え、松毬のコーディアルを作る。ロシアでは松毬で作るヴァレニエというジャムソースが伝統的にあるのだが、これを見た時に私はインスパイアされ、このコーディアルを作ったが予想以上に美味しかった。マイブームで最近ではジビエ料理にもこのコーディアルを愛用している。

不老長寿の樹だから
皮まで頂く
クロマツの松皮餅

これぞ
裏技

松皮餅は天明の大飢饉の際に救荒食として、アカマツやクロマツの樹皮の内皮が食料として取り入れられたものとされる。また出羽国矢島藩主の生駒氏が改易前の四国で兵糧攻めを受けた際に作り出したとも言われている。下処理は内皮を剥ぎ取り、柔らかくなるまで5時間以上煮る。スパイスクラッシャーなどで粉砕し、さらに包丁で細かく刻む。これを蒸したもち米に混ぜ馴染むまでつく。

松皮のウッディーな香りが餡子と合う。

29

クワ

Morus spp.

クワ科クワ属

効能　食後の過血糖改善・血糖上昇を抑制

私たちの身近になるクワ属は中国原産のマグワ（*Morus alba*）や、全国の山地に自生するヤマグワ（*Morus australis*）がある。クワ属は北半球の暖帯もしくは温帯地域に10数種が分布し、落葉性の高木または低木で、樹高は5mから大きいものは10m以上に達する。生薬では桑白皮と呼ばれる。これはマグワの根を春の発芽前に掘り起こし、細根を除去し、皮を剥ぎとり、そのまま乾燥させたものである。全国的に養蚕のために広く栽培され、今もその残りが多く見られる。

実はジャムに
葉っぱはお茶に、

実はマルベリーと呼ばれ、甘くそのまま食べても美味。近年ではブラックマルベリーやホワイトマルベリー、レッドマルベリーそしてユニークなタイプだと台湾長果桑などが流通していて楽しい。

乾燥葉をアジアンテイストに
クワのプラオ

これぞ裏技

プラオとはインドの米料理で、一般的にはスパイスの炊き込みごはんである。クワの葉を乾燥させ、パウダー状にし、ニンニクやショウガをすりおろし、バターと塩コショウで味付けする。クワの風味がバターなどにうまく絡んでいる。

ケクロモジ

Lindera sericea (Siebold et Zucc.)
var. *sericia*

クスノキ科クロモジ属

効能　健胃・止血・皮膚病・温補

本州（近畿以西）、四国、九州に分布し、山地や渓間に生える落葉低木。葉は互生し狭倒卵形で基部はくさび形に狭まり、長さ8〜16cm。葉の表面はビロード状の短毛が密生する。

クロモジより葉が大ぶりで香りも高い

艶やかな果実は球形で径6〜8mmとクロモジよりやや大きい。一般的なクロモジと比較すると、ケクロモジは全体的にごわごわした印象である。

葉の大きさの比較

左クロモジ、中アメリカクロモジ、右ケクロモジ。こうしてみると、ケクロモジの葉脈は他に比べ明瞭である。

イワナのムニエル

ケクロモジの葉の上に豪快にイワナを寝かせ、そのままムニエルに。

フレッシュティー

花はチンキにしても良いがそのままフレッシュティーにしても華やかな香りが堪能できる。

オリーブオイルにひと工夫
極上の味わいのスモークムール貝

ケクロモジの葉の香りは本州のクロモジやオオバクロモジの主成分であるリナロールの割合が少なく、フローラルな酢酸ゲラニオールが主成分となっている。スモークムール貝と浸け込み、特有の香りを移した。

これぞ裏技

ケンポナシ

Hovenia dulcis Thunb.

クロウメモドキ科ケンポナシ属

効能　利尿・二日酔いの解毒薬

丸いのが種子で、肉質化する部分、いわゆる花梗はナシのような香りと甘みがあって美味。種子は食べない。

北海道（奥尻島）～九州に分布するクロウメモドキ科の落葉高木。樹高15～20m、樹皮は淡い灰色で網目模様が入り、樹齢を重ねると鱗状に剥げ落ち、幹の直径は最大で1mほどになる。和名の由来は、独特な見た目をした実の様子が「手棒（てんぼう）」に似ているとする説や、中国で神仙の住む山「懸圃（けんぽ）」に見られたからといった説がある。また中国では葉や樹皮を煎じて二日酔い等に内服する。

ナシに似た甘味をそのままスイーツに
ケンポナシのキャラメル

一般的に作るキャラメルの材料、牛乳（低脂肪でないもの）180mℓ、砂糖60g、バター30gを鍋で溶かす際にケンポナシの花梗（かこう）を加えてなるべく馴染ませ、カスは取り除く。それを型にはめて冷蔵庫で冷やす。

古来から面白い伝承があり、この木で柱を作ると家中の酒が薄くなり、種子などを酒の中に入れると酒が水になるといわれる。当時からよほど解毒の印象が強かったことがうかがえる。

ケンポナシの
ブランデーケーキ

ブランデーにケンポナシの実を沢山浸け込む、三週間もすれば洋梨のようなリキュールができ、ブランデーケーキに加えてみた。

枯れ枝のような外観からは想像もつかない滋味

これぞ
裏技

コムラサキ

Callicarpa dichotoma (Lour.) K.Koch

シソ科ムラサキシキブ属

効能	止血・解熱・寄生性皮膚病

愛でるだけじゃない
パープルの小さな実を食卓に

本州〜沖縄の山麓の湿地や湿った原野に生える落葉低木。園芸店やホームセンターでは「ムラサキシキブ」の名前で流通しているが、ムラサキシキブと本種は異なる。樹高2mほどで、枝は紫色を帯び、はじめ星状毛があるが、後に無毛。枝先は垂れ下がり、葉は対生し、葉身は長さ3〜7cm。果実は核果。直径約3mmの球形で、鮮やかな紫色。花期は7〜8月。

似ている植物

オオムラサキシキブ

神津島にて撮影したオオムラサキシキブ。旨そうに見えたが、コムラサキほど甘味はなくパサつく。

ムラサキシキブ

本家ムラサキシキブは意外と地味な雰囲気。しかし、大人の色気があり、果実も美味。

これぞ
裏技

彩りとプチプチの食感を味わう
柿のカルパッチョ

甘酢に半日浸けたカキのピクルスに、この美しい野生のアメジスト（コムラサキの実）を散りばめた。彩りも良く、スイーツのトッピングやアクセントに重宝している。

サルナシ

Actinidia arguta (Siebold et Zucc.)
Planch. ex Miq. var. *arguta*

マタタビ科マタタビ属

効能	抗アレルギー作用・消炎・抗肥満・抗糖尿病

分布は北海道、本州、四国、九州で山野の林縁などに生育する落葉蔓性植物。雌雄異株。葉は互生し、葉身は広楕円形で、質は硬い。表面はやや光沢があり、基本的に無毛。裏面は脈上、脈腋に毛があり、縁には棘状の鋸歯がある。葉柄が赤いので目立つ。発酵させてお酒を作ったり、蔓から出る樹液を痰の薬として用いる。

果実が熟すのは秋。小さなナシのような風合で、猿が好んで食べるためサルナシと名付けられた。数々の旨い木の実があるが、これが一番と言う人も多い。

ミニキウイとして知られ商品化も

サルナシ酒

サルナシ酒はホットにして頂くと、体がぽかぽかと温かくなり、フルーティーな香りがより広がる。

ひとロアイスボール

ジューシーで酸味も少ないので、そのまま冷凍庫で凍らせて頂く。

サルナシの酢豚風

完熟一歩前のサルナシは中華料理との相性抜群で、酢豚のパイナップルのように、酸味がワンランク上の活用術になる。

これぞ
裏技

究極のぜい沢な食べ方はこれ!
サルナシのタルト

見た目もキュートでミニチュアなサルナシは、完熟一歩手前が型崩れせず輪切りにしても綺麗。酸味をアクセントに甘酸っぱいタルトへ。

セイヨウシナノキ

Tilia × europaea L.

シナノキ科シナノキ属

効能 　鎮静・発汗・利尿

ヨーロッパ原産の落葉高木。北海道では街路樹に用いられ、野生化している。高さ30〜40m。葉は5本の主脈があり広卵形、長さ5〜7.5cm、幅3.5〜5.5cm、ごくまばらに毛がある。集散花序で花が5〜10個つき、花は直径約1.5cm。花柄は長さ1.2〜1.5cm。非常に清楚なクリーム色の花を咲かせ、ハーブとしてはリンデンとして、花と苞（ほう）はハーブティーとして、花から採取される蜂蜜は貴重品とされリキュールやドリンク剤などの幅広い用途に使用されてきた。

シューベルトの「菩提樹」のモデルとなった樹

初夏に咲く花は甘い芳香があり、虫が集まる蜜源樹木としても重宝されている。

フランスでは昔から、興奮しやすく、落ち着きのない子供に飲ませる習慣があり、今でもハーブティーやコーディアルなどで親しまれている。

これぞ
裏技

花、苞、葉をパウダー状にしてヘアケアに
セイヨウシナノキのヘアパック

アボカド半玉、椿オイル5滴、蜂蜜大さじ1、セイヨウシナノキのパウダー大さじ1、セイヨウシナノキのチンキ数滴。全てを混ぜ、髪に馴染ませ、20分ほど待ち洗い流す。血行促進作用、抜け毛予防が期待できる。

ダンコウバイ

Lindera obtusiloba Blume

クスノキ科クロモジ属

効能　消化促進・抗菌作用

春先に黄色の小さな花が散形状に付く。紅葉すると美しい黄葉に。葉にはリモネンやカリオフィレンが主成分の精油が含まれ、ビャクダンのような香り。

ビャクダンに似た芳香を活かして料理にも

クスノキ科クロモジ属の落葉低木。本州（新潟県、関東地方以西）、四国、九州に分布し、山地の林縁に生育し、花も紅葉も楽しめる事から庭にも植栽されている。クロモジ属だけあって、このダンコウバイの芳香は本当に素晴らしい。古来はクロモジ同様に爪楊枝に重宝されたとか。韓国では생강나무 꽃차として美容茶として愛されている。

香りにプラスして抗菌作用も
ダンコウバイの葉寿司

これぞ
裏技

ダンコウバイのゆべし

ダンコウバイの小枝と葉を集め、陰干ししてから、ミルサーでパウダーにしたものをシナモンパウダーのようにゆべしに混ぜてみた。

ダンコウバイのシロップ

ダンコウバイの小枝をオレンジジュースに加え、しばらく煮出し、ダンコウバイの香りを移す。それに砂糖を加え再び煮詰める。カクテルや様々なドリンクにアレンジ可能の魔法のシロップ。

葉はさっと洗って水に5分ほど浸けて汚れを落とし、水気をふき、中央に炊きたてのごはんをのせ、葉をたたむようにして包む。数時間経つとダンコウバイのさわやかな芳香が移る。

チョウセンゴミシ

Schisandra chinensis (Turcz.) Baill.

マツブサ科マツブサ属

効能　鎮咳・止汗・強壮・滋養・止瀉

北海道、本州中部以北に分布し、山野の林縁などに生育する落葉蔓性低木。茎はあまり伸長せず、まばらに分枝し、枝は無毛。葉は互生し、艶はなく薄く膜質で倒卵円形、長さ4〜7cm、鋭尖頭で鋸歯縁。雌雄異株。花は芳香があり淡黄白色で下垂し、初夏から咲き始める。果実は球形でマツブサ科特有の松ヤニに似た芳香があり、晩秋に紅熟する。

愛らしい果実に含まれる五味が名前の由来になった生薬

和名は江戸時代に生薬の五味子として朝鮮半島から輸入していたことに由来し、生薬名も五味子と言い、酸味、苦味、甘味、辛味、塩味の五つの味がするということで名付けられた。

鮮やかな色をゼリーにとじ込めて
パート・ド・フリュイ

これぞ裏技

パート・ド・フリュイとは果物のエキスやピューレに砂糖を加えて煮詰め、ペクチンで固めたゼリーのこと。作り方は鍋にピューレを入れて40℃に温める。グラニュー糖の一部（約50g）とペクチンを合わせたものを加え、しっかりと泡立て器で混ぜ、沸いてきたら水あめを加え混ぜ、残りのグラニュー糖を2回に分けて加える。沸いた状態で絶えず混ぜ続け、沸騰したら酒石酸と水を合わせたものを加え、スティックミキサーで1分ほど撹拌し、バットに移し冷やす。材料：ゴミシピューレ300g、グラニュー糖350g、水あめ90g、ペクチン9.5g、酒石酸3g、水3㎖。

トドマツ

Abies sachalinensis (F.Schmidt) Mast.

マツ科モミ属

効能	抗菌・抗ウイルス作用・抗ストレス作用

分布は北海道、千島列島及び樺太の海岸から深山まで広く自生するマツ科モミ属の針葉樹。枝は水平または斜上し、葉は密生する。葉の先端はトウヒ属のエゾマツやアカエゾマツと異なり、少し凹んでいる。エゾマツと並び北海道を代表する針葉樹でその美しい樹形はドイツトウヒやモミの代用とされ、北海道ではクリスマスツリーや門松にされる。

北海道の大地を彷彿させる清々しい森の香り

枝葉に含まれる芳香成分には、酢酸ボルニル、カンフェン、ピネン、リモネン等が含まれており、空気清浄効果があるという研究結果もあり、近年注目されている。

トドマツの若い新芽を松の実とオリーブオイルでペーストにして、そのソースでオイルパスタを作った。味付けは岩塩のみ。

枝葉をフレッシュなまま、鷹の爪とニンニクとともにオリーブオイルに浸け込む。良くかき混ぜ、2週間もしたらトドマツの香りが抽出できる。

香りを活かして肉料理に使う
トドマツ香る鴨肉

合鴨オイルにトドマツの葉を加え低温でひと煮立ちさせる。そこに鴨ロースブロックを加え低温で数時間加熱し、最後にフライパンでカラッとさせたら完成。トッピングに、浸けていたトドマツの葉を添えて。

これぞ
裏技

葉が似ている樹

カヤ
Torreya nucifera (L.)
Siebold et Zucc.

小葉の長さは2〜3cmで先端は鋭く尖り、触ると硬くて、痛い。葉をちぎるとグレープフルーツのようなシトラス系の香りがし、近年では仮種皮から抽出した精油が人気。

内種子には独特のヤニ臭さがあるが、灰汁抜きして天日にさらしたものを炒めると、ほんのり芳香が残り、香りの高いナッツに。古来より食糧として重宝され、縄文及び弥生時代の遺跡からも保存されたカヤの実が出土している。

トドマツに葉が似ているのがカヤ。宮城県以南の太平洋側を原産とするイチイ科の常緑針葉樹。雌雄異株で、雄株に咲く淡い黄色の雄花は直径1cmほどの楕円形。雌株に咲く雌花は緑色。種子は夜尿症の予防、駆虫に用いられる。

カヤの実を一晩たっぷりの水に浸ける。硬い殻を外し、水を加えてミキサーにかけて滑らかにし、ナッツミルクバッグで濾したら完成。

カヤの実のパンナコッタ

これぞ
裏技

ナツメ

Ziziphus jujuba Mill.

クロウメモドキ科ナツメ属

効能　鎮静・滋養強壮

原産地は中国で日本への渡来は奈良時代以前とされている落葉小高木。葉の表面は濃緑色で強い光沢があり、両面とも平滑で無毛。花期は6〜7月で枝先の葉腋に小さな淡緑色の花を数個つける。和名の由来は夏芽の意で、芽立ちが遅く、初夏になってようやく芽を出すことから。我が家でも祖父が漢方マニアだったのでナツメの木があり、いまだに沢山の実をつけてくれる。

果実を乾燥させたものが、菓子の材料とされ、また生薬大棗（タイソウ）としても用いられる。中国には「一日にナツメを3個食べればいつまでも若く過ごすことができる」と言うことわざがあるほど美容や健康のために重宝されてきた。

乾燥ナツメの作り方

フレッシュなナツメを天日干しし、全体に赤茶色になり、表面がしわしわになったら、今度は蒸し、蒸し上がったらまたざるに広げ、再び天日干し。しっかりと乾燥したら出来上がり。

日本薬局方においては大棗がナツメの実とされ、酸棗仁（サンソウニン）が下の写真のサネブトナツメの種子とされている。サネブトナツメは真ん丸くて小さく、果実が酸っぱいために酸棗と呼ばれる。

お菓子、薬膳、生薬として幅広く利用

フレッシュナツメの参鶏湯スープ

フレッシュのナツメもスープで十分美味しく頂ける。歯ごたえの良い食感と青リンゴのような香りが鶏がらスープにぴったり。水参(収穫したままの生の高麗人参)を加えて参鶏湯風スープに。季節の変わり目や疲れている時などに最適。

2日目から更にナツメに鶏がらの出汁が染み込み非常に美味しい。ライスやヌードルを加えてアレンジしてみても良い。

白ワインで煮詰めて
ワンランクアップのお酒に
フレッシュナツメのサングリア

これぞ裏技

小鍋に白ワインと材料を入れ沸騰直前まで火にかける。混ぜながら温め、火を止める。グラスに入れたら完成。材料：白ワイン500mℓ、蜂蜜大さじ1、シナモン1本、レモンスライス2枚、フレッシュナツメ適量。

ナツメに白ワインが染み込むように、あらかじめ包丁で切り込みを入れておく。

ナツメを煮出す時間は8〜10分ほどで良い。

寒い冬場に薬膳ホット白サングリア。

ネムノキ

Albizia julibrissin Durazz.

マメ科ネムノキ属

効能	鎮痛・鎮静・強壮・利尿・不眠・打撲・腰痛

日本の本州、四国、九州南西諸島の山野、原野、河原に生育する落葉広葉樹の高木。樹高は6〜12mで、葉は日本ではあまり馴染みのない大型の2回偶数羽状複葉で、多くの小葉をつけ、夜は小葉が閉じる。樹皮は生薬では合歓皮と呼ばれ、不安の改善や不眠に用いる。日本の民間療法では打撲傷、関節痛に合歓皮の煎液で患部を洗ったり、浴用剤として重宝されてきた。

枝先に10〜20個の花が集まった頭状花序を総状に付け、白からピンクのグラデーションがとても美しい。

街路樹や庭木に引っ張りだこの植物の意外な用途

樹皮は生薬で知られるが、葉っぱも優れもの
ネムノキのお香

これぞ
裏技

小さなボウルや乳鉢にタブ粉とネムノキを入れて良く混ぜ、水と精油を加え形を整えたら完成。
材料：ネムノキの葉パウダー大さじ2杯、タブ粉大さじ1.5杯、水大さじ5杯、フランキンセンス精油3滴。

1週間程度日陰に置いて乾燥させ、水分がなくなったら出来上り。

ノブドウ

Ampelopsis glandulosa (Wall.) Momiy.
var. *heterophylla* (Thunb.) Momiy.

ブドウ科ノブドウ属

効能	民間薬として茎葉は慢性腎炎・肝炎・嘔吐・根は関節痛

北海道〜沖縄の山野に普通に生える落葉蔓性低本。茎は長く成長し、節があってややジグザグ状に曲がる。葉は互生し、円形で3〜5裂し、時には深く裂けることがある。形質が良く似た、ヤマブドウやエビヅルに比べ、葉裏には毛が無い。巻きひげは葉と対生し、二叉に分かれる。緑色の小さな花を付け、液果は小さく球形で、ふつうは昆虫が入った虫こぶとなるため食べられない。

ノブドウミタマバエの虫えいは、表面平滑で色は変化が多いとされる。またノブドウミタマバエによって形成される球状の虫えいは黄白色ないし紅赤色とされる。様々な見解があるが、オパールのように変化する色彩はいつ見てもうっとりする。

色彩の美しさにほれぼれ根は薬用として活用

青色の宝石たち。果実は緑色から、白色、紫色、青色となって成熟する。

これぞ
裏技

生薬になる根はまず砕く
ノブドウのチンキ

根茎は蛇葡萄(ジャホトウ)、根は蛇葡萄根(ジャホトウコン)と生薬で呼び、秋に採集し、日干しする。細かく刻み、チンキにして外用や湯船に入れる。

茎葉はタンニン、サポニンを含む。

ハマナス

Rosa rugosa Thunb.

バラ科バラ属

効能	疲労回復・抗炎症・下痢止め・生理不順の緩和・美容効果

ハマナスは日本の野生バラの中でも圧倒的な芳香があり、バラの愛好家はこぞってハマナスを栽培し、様々な品種を産み出すための育種バラとしても使用されている。花弁は精油成分のゲラニオールなどを含み、ハマナス特有の甘く上品な芳香が特徴的で、香油としてはブルガリアのダマスクローズが主流になる以前は八重のハマナスから香油を作っていたほどである。また北海道のアイヌの人たちはハマナスを疲労回復の薬草として古来から重宝し、ハマナスの果実をクロユリの鱗茎と一緒にどろどろになるまで煮込み、木鉢の中に入れて、すりこぎで潰し、アザラシの油を混ぜて食べたという面白い伝承がある。ハマナスは様々な部位が薬用とされるが、蕾とローズヒップが特に薬用とされ、通経、下痢止めなどの効能がある。

蕾も香りが良く、見た目も愛らしいので摘んで乾燥させ、利用する。

ハマナスのローズヒップは一般的なローズヒップに比べて非常に大きくミニトマトみたいなサイズ感。

蕾とローズヒップが薬用として知られる

花弁に含まれるゲラニオールやシトロネロールは揮発性があり、繊細なので陰干しをする。

ハマナスと
マイカイ

中国茶で用いるマイカイは、ハマナスに比べて葉の艶感（クチクラ）が少ない印象。

ハマナス　マイカイ

コーディアル

非常に香りが良く、カクテルなどにも合う。

ハーバルバス

1日の疲れを癒し気分転換したい時にハマナスのハーバルバスはオススメ。

ローズヒップ軟膏

ローズヒップはビタミンCが豊富なので、基本的には熱を加えず、冷浸法で抽出する。

ローズヒップティー

ローズヒップの他に、ローゼルのクエン酸を加える事で作用に相乗効果が生まれる。

コーディアルをアレンジして
ハマナスのワインソース

これぞ
裏技

ハマナスのコーディアルを赤ワインに加え、塩コショウ、ニンニクを少量加え、フライパンで馴染ませたらソースの完成。フライパンはかなり弱火でハマナスの芳香成分を飛ばさないことがポイント。

ソテーした豚肉とドラゴンフルーツの蕾に、ハマナスのワインソースをかけた贅沢なひと皿。

ハスカップ

Lonicera caerulea L. subsp. *edulis* (Regel) Hultén

スイカズラ科スイカズラ属

効能	抗酸化作用・老化防止作用

北海道の歴史に育まれた希少果実

本州中部の標高の高い山から、北海道に分布する落葉低木。樹高は1m前後で大きなものだと2mほどになる。枝は褐色で、古くなると表皮が剥離する。葉は対生し、葉縁に鋸歯はなく全縁である。古来からアイヌの人たちが不老長寿の果実として珍重してきた果物で、和名もアイヌ語の「ハシカプ＝枝の上に沢山なるもの」に由来している。

実の表面に白い粉のようなものが付着したように見えるが、これは「果粉」と呼ばれるもの。いわばワックスのような役割をするもの。

ハスカップのシロップ

真夏の夏バテ防止にハスカップシロップ。フレッシュまたは冷凍のハスカップをオリゴ糖で煮詰め、レモンを絞れば完成。甘酸っぱい、大人の夏氷を演出。

これぞ裏技

酸っぱさや苦みがからだに効く
ハスカップの杏仁豆腐

ハスカップに赤ワインを加えてじっくりコトコト煮込んだら、とろみがあるハスカップシロップの完成。お好みでスターアニスやシナモンを加えても良い。このソース、スイーツ以外にも肉料理と相性抜群。

ヒハツモドキ

Piper retrofractum Vahl.

コショウ科コショウ属

効能　血圧低下・血流改善

東南アジアを中心に、日本では沖縄諸島で栽培され、よく野生化している。蔓性の常緑木本で、樹高2〜4m、葉や茎は艶やかで無毛。葉は互生、葉柄は長さ5〜11mm、葉身は長楕円形。沖縄では島コショウ、ヒバーチ、ピパーツ、ピパーチなどと呼ばれ、未熟な果実を収穫し、乾燥後に炒って粉にしたものを料理の香辛料として用いる。

ピリッとした辛みを
プラスして大人の味わい
ヒバーチのホットチョコレート

赤く熟した、ヒハツモドキの果実を陰干しさせ、ミルサーかスパイス・グラインダーで粉砕して、香りを立たせる。それをホットチョコレートに加え、トッピングにも使用。

沖縄ではヒバーチと呼ばれる島コショウ

スパイシーな辛味成分はアルカロイドのピペリン。血流を促進し、新陳代謝を高め、体温を上昇させて脂肪の燃焼を促進させることから、近年、健康食品などとしても注目されている。

これぞ
裏技

ホワイトシチューやポタージュにもひとつまみ加えれば、食欲を増進させるばかりか、香りのアクセントにもなる。

ヒレザンショウ

Zanthoxylum beecheyanum K.Koch var. *alatum* (Nakai) H.Hara

ミカン科サンショウ属

効能	風邪・魚毒・腹痛・消化不良・皮膚病・無月経

沖縄地方に自生し、海岸の岩場などに生育しているサンショウ。全株無毛で非常にクチクラが発達しており艶やか。葉は互生し、羽状複葉で長さ3〜7cm。枝は分岐が多く、黒褐色または灰褐色で灰白色の皮目を散生し、小枝の節部と葉柄基部に長さ1〜2mmぐらいの一対のトゲがある。本州のサンショウよりも芳香が強く、少量でもかなりのスパイスとなる。葉以外にも実や花も香辛料として利用できる。

辛さと柑橘系の香りを備えた南国のスパイス

陰干ししたスパイスをフルに活用
ヒレザンショウのアイス

ヒレザンショウのアイスの上にさらにヒレザンショウの実のホールスパイスや葉のパウダースパイスをトッピングすると香りが際立つ。

辛み成分のサンショオールは日干しだと揮発するので陰干しで。

これぞ裏技

作り方は意外に簡単。①ボウルにヒレザンショウパウダーを入れ、砂糖80gのうちの大さじ1と、お湯を入れ混ぜる。②卵をボウルに割り入れ、①の残りの砂糖の半分を3〜4回に分けて入れ、卵が白く、もったりするまで良く泡立てる。③別のボウルに生クリームを入れ、②の残りの砂糖も入れ泡立て、すくって落としたとき形が残るくらいまで泡立て②に①を万遍なく混ぜる。③をゴムベラで切るように混ぜて容器に入れ4〜5時間以上冷凍室で冷やし固めるとアイスになる。材料:卵3個、グラニュー糖80g、生クリーム200ml、ヒレザンショウパウダー大さじ2、お湯大さじ2。

マタタビ

Actinidia polygama (Siebold et Zucc.) Planch. ex Maxim.

マタタビ科マタタビ属

効能　滋養強壮・冷え性改善・利尿

北海道〜九州に分布する、落葉蔓性の木本。名前の由来は、疲れた時に甘い果実を食すると「再び旅ができる」との意味である。

猫が好むだけじゃない人間にも意外に有用

葉は蔓状の枝に互生し、長い葉柄があり、葉身は2〜7cmの卵形で、葉縁に細かい鋸歯があり、花期になると葉の一部は白くなる。白い葉は虫を誘うためだと考えられている。葉の表皮と葉本体の細胞の間に隙間（空気が入る）ができ、光を散乱・反射することでこの現象が起きる。逆に水の中で葉を押すと空気が押し出されるので緑色に戻る。植物全体に揮発性のマタタビ酸を含み、発情期の猫の尿に似たこの臭いがネコ科動物の中枢神経を麻痺させ、酩酊状態にさせる。

花期は6〜7月、雌雄異株で径2cmほどの梅のような白い花を下向きに咲かせる。

10月頃の虫こぶとなった果実は木天蓼（モクテンリョウ）とされ、中国の宋時代の医学書『太平聖恵方（たいへいせい けいほう）』には「天蓼酒、風邪を治し奇効あり」と記載されている。乾燥した茎葉根は薬用として使用できる。

角質や肌のくすみを予防
マタタビの化粧水

乾燥させた、虫えい果実、葉、蔓をチンキにし、2週間以上寝かせたものを、精製水、グリセリン、マタタビチンキで化粧水を作る。チンキ5mℓ、精製水50mℓ、グリセリン1mℓ。

これぞ裏技

似ている植物

葉が始めは白くマタタビかと思いきや、徐々にピンクに変色していく事が特徴。最初、北海道で見つけた時はあまり美しさに感激した。

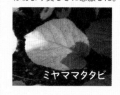

ミヤママタタビ

ミズメ

Betula grossa Siebold et Zucc.

カバノキ科カバノキ属

効能 関節痛や筋肉痛・
打撲や捻挫などの症状の緩和

岩手県以南の本州、四国及び九州の山地に分布する落葉高木。開花は4〜5月頃。雌雄同株であり、葉の展開と共に雌雄それぞれの花を咲かせる。雄花は薄い黄色の穂状で前年度の枝先から垂れ下がる。長さは7〜9cmほど。雌花は紅と黄緑色の円柱状で、上向きに付く。樹皮を傷付けると水のような樹液が出てくるためミズメと名付けられた。この樹液や枝葉にはサロンパスのようなサリチル酸メチルの芳香がある。しかし、かつては不快な匂いとされ夜糞峰榛（ヨグソミネバリ）という別名があり、この芳香は古来、魔除けにも用いられた。

かつてはシップ薬にも利用された水も滴る樹

樹皮は少し削るだけで芳香がある。

葉は薄く、桜の葉に似ており、長さ5〜10cm、幅3〜6cmの卵形で先端が尖る。葉の縁には不規則な鋸歯があり、短い枝では対になって、長い枝では互い違いに枝から生じる。

サロンパスに似た独特の香りを応用
ミズメのオイル

ミズメは古来から外用薬として腫れを取り、痛みを和らげたり、鎮痛・消炎薬として重宝され、関節痛や筋肉痛などの症状にも用いられる。ミズメの香りがする樹皮を採集し、植物油に入れ、冷浸法（P.54参照）のやり方で浸出油を作る。

これぞ
裏技

※ミズメの精油およびボディオイル、ミズメブレンドには、サリチル酸メチルが含まれ、アスピリンアレルギーの方や妊婦の方は使用を避ける。

ヤマコウバシ

Lindera glauca (Siebold et Zucc.) Blume

クスノキ科クロモジ属

効能　**腹痛の改善・筋骨の痛みの緩和**

分布は本州宮城県以南～九州の林縁などに生育する落葉低木。葉はやや厚くて硬く、長楕円形で裏面は若葉の時は絹毛に覆われるが、後に無毛、葉は秋に枯れても落葉せず、萌芽の時期に落ちる。雌雄異株であるが、近年の研究で雄株は中国大陸にしか存在せず、日本には雌株のみで、全てひとつの株のクローンであることが明らかにされた。

「山に生える香ばしい木」の名前がぴったり

冬でも葉が「落ちない」ことにかけて、受験生のお守りとして縁起物になっている。ほんのり光沢がある美しい葉は、クラフトにも利用できる。

ハーバルバス

クロモジの仲間なので若い葉や枝を擦ると、特有のさわやかな芳香がする。煎じたものを湯船に入れると気分もリフレッシュ。

これぞ 裏技　香りをスイーツに移してみたら
ヤマコウバシのかき氷

生の葉と枝を煎じて、甜菜糖を加えてコーディアルを作って、シロップに。

このままでも十分美味しいが、キンモクセイを加えたら更に華やか。

ヤマナシ

Pyrus pyrifolia (Burm.f.) Nakai

バラ科ナシ属

効能　発熱時の咳止め・
口渇の緩和・便秘の改善

一般的なナシのような甘味はなく、硬い。しかし、洋酒のようなフルーティーでベリーのような酸味がある。

スライスし、果実酒にする。フレッシュとドライ両方試してみたが、ヤマナシの良い香りがでるのはやはりフレッシュである。

指先に乗るほどのサイズ
だけれど形はナシそっくり

本州、四国、九州の山地、谷、沢沿いなどに生育する落葉広葉樹。民家の近くに多く、山間に群生が見られないことから、古い時代に中国から渡ったものが植栽され、野生化したとする説もある。4月に白い花を咲かせ、夏から秋にかけて黄色い実が熟す。現在果樹として出回っている梨のもととなった品種とされ、かなり小ぶりで愛らしい。果実以外にも葉が薬用とされ、葉にはタンニン、アルブチンが含まれ、春〜夏に採取して、急速に乾燥させて煎剤として服用。別名ニホンヤマナシともいう。

硬くて不味い実を
ひと手間かけてアレンジ
リキュールのホイップ

ヤマナシを半年以上浸け込んだ果実酒を、ホイップクリームを立たせる時に加えた。バニラエッセンスのように少量でもかなりのフレーバーとなり、上品なスイーツになった。

これぞ
裏技

ナシの仲間にはタンパク質を分解する消化酵素のプロテアーゼを含み、食後のデザートに食べる事で消化促進効果が期待できる。

「チンキ」を作る

ハーブティンクチャーとも呼ばれるチンキは、世界中の薬草やハーブ療法に欠かせない手法。メディカルハーブはもちろん、漢方薬の世界でも薬草としてチョウセンニンジンなどを用いたりする。ハーブ、生薬などの水溶性成分、脂溶性成分両方の有効成分をアルコールで抽出できることが最大のメリット。また様々な化粧品の基材になるほか、除菌スプレー、ハーバルバス、うがい薬の材料、料理の香り付け、カクテルなど幅広く利用できる。

材料
広口のガラス瓶、ドライ（またはフレッシュハーブ）お好みのもの 適量、40度のウォッカ 適量。

作り方
煮沸消毒した瓶にハーブを入れ、ウォッカを注ぐ。この時、ハーブがウォッカに完全に浸るようにし、ふたをして冷暗所に置き、1日1回瓶を振って混ぜる。3週間ほどででき上がり。

チンキを作る「単方」と「複方」
一種類のハーブや生薬を酒に浸けたものを単方と言い、効き目が比較的シャープなので、単純な症状で効果を一点に絞りたいときに用いる場合にとる。一方、二種類以上のハーブや生薬を浸けたものは複方といい、全身のバランスを良くしていくものが多く、症状が複雑で慢性的、体質的な傾向をもつものに向く。

適正のアルコール度数
●抽出したい成分が水溶性の場合→アルコール度数25度以下（サポニン、アルカロイド、タンニン、フラボノイド、配糖体、苦味質、粘液質、水溶性ビタミン、ミネラル）
●抽出したい成分が脂溶性の場合→アルコール度数40度以上（精油、ビタミンA、D、E、Kやカロテノイド）
主成分が水溶性の薬草の場合はアルコール度数25度で抽出、樹脂系などエタノール可溶性の大きい成分である薬草は90度、どちらも要因となるものは40～45度で抽出。

飲み方
チンキや薬酒は適量を守ることがポイントで、標準は一日40～100㎖。これを2～3回に分けて食前か、食間（食事の2～3時間後）に飲む。また、薬酒の場合、浸ける生薬の量が多かったり、飲む分量が多いほうが効き目があるように思うかもしれないが、成分が多様で作用がシャープなので、濃厚なものはかえって身体に負担がかかる場合がある。

チンキにおすすめの植物
本書で紹介している植物のほぼすべてがチンキにして活用できるが、オススメは木本がアクシバ（実）、オキナワニッケイ、カジノキ、クロマツ、ケンポナシ、ヤマコウバシ、ダンコウバイ、ケクロモジ、オオウラジロノキ（実）、ヒハツモドキ、ヤマナシ（実）、イワナシ（実）、チョウセンゴミシ（実）、マタタビ。草本ではアマドコロ、キツネノマゴ、タンポポ（根）、アキノノゲシ（根）、オニタビラコ、ヨモギ、ナズナ、レモンエゴマ、ハッカ、トチバニンジン、ゲッカビジン（花）、ドクダミ、メドハギ、ヒュウガトウキ、ヤブラン（根）など。

オオウラジロノキのチンキ

「インフューズドオイル（浸出油）」を作る

浸出油とは、芳香性植物を植物油に浸け込み、ハーブの有効成分、主に脂溶性成分を植物油に浸出させて作るハーブオイル。アーユルヴェーダのニームオイルやメディカルハーブで用いるカレンデュラオイルなど様々な分野で用いる手法。インフューズドオイルにも2パターンがあり、温めて抽出する温浸法と、温めずに抽出する冷浸法がある。

「冷浸法」

花や葉などの繊細な部分から抽出する場合に向き、室温で抽出が可能であるため、熱に弱い成分も抽出することができる。

冷浸法のやり方

材料：広口のガラス瓶、保存容器（遮光性のスポイト瓶など）、ドライハーブ2g、植物性オイル220mℓ。瓶にハーブを入れ、オイルを注いでふたをする。日の当たらない所に置く。この時の適正温度は15〜25℃。1日1回瓶を振って混ぜ、2週間〜1カ月ほど浸けたら、濾して保存容器に移す。浸出油に蜜蝋やシアバターを加えれば、より保湿効果の高いクリームやリップクリームになる。耐熱容器に浸出油30mℓ、蜜蝋3gを入れ、湯煎にかけてかき混ぜ、完全に溶かした後、クリーム用の保存容器に移して冷ませばでき上がり。

「温浸法」

根・果実・茎などの硬いものから抽出する場合に向く。

温浸法のやり方

材料：鍋、水適量（湯煎用）、耐熱ボウル、計量器、保存用容器、植物オイル100mℓ、ドライハーブ10g。鍋に水を入れ沸騰させ、耐熱用のボウルに植物油とハーブを入れる。鍋の火を弱火にし、ハーブとオイルが入ったボウルを湯煎にかける。この時ボウルの中の温度は35〜45℃。優しくかき混ぜながら30分以上湯煎し、ハーブを取り除き、保存容器に移す。

薬草の成分抽出を効率的に

スパイスや生薬等、硬い根や種はそのままハーブティーやチンキなどで使用しても、有効成分はしっかりと抽出されていない場合がほとんどである。硬いものに限らず、スパイスや生薬等は粉砕し、細かくしたほうが、柔らかい内部組織が抽出剤に露出するため、抽出が促進されたり、細胞が壊れて有効成分が放出されたり、抽出剤に接触する表面積が大きくなる。これによって抽出効率が上がり効率的である。生薬やスパイスを砕く時には細かくても5mmぐらいで、あまり粒子を細かくする必要はない。

インフューズドオイルにオススメの植物

木本編では、オキナワニッケイ、カーブチー、キハダ、クスノキ、クロマツ、ケクロモジ、ダンコウバイ、トドマツ、ミズメ。草本編ではアメリカタカサブロウ、オガルカヤ、シシウド、ミツバ、クマタケラン、コシカギク、チチコグサ、ヨモギ、カキドオシ、ギョウジャニンニク、ノビル、タンポポ（花）、ヒュウガトウキなど。

ハハコグサやチチコグサ等を乾燥させ、椿オイルに浸けたもの。

草本編

身近で見かける野草たち

アオビユ

Amaranthus viridis L.

ヒユ科ヒユ属

効能　解熱・解毒・利尿

標準和名はホナガイヌビユ。本州～沖縄の畑地や荒れ地などに生える1年草。日本には大正末期に渡来した帰化植物。茎は立ち草丈は50～90cmで無毛。真夏に摘める旨い野草のひとつ。

私がこれまで旅したネパールやギリシャではアオビユは野菜のような扱いで活用されていた。食べやすく、ほうれん草の味に近い。近縁のイヌビユもあるが、近年ではアオビユが圧倒的に多い。

ネパールやギリシャでは野菜のような扱い

花穂はかなり地味で緑色、後に淡褐色に。花穂を素揚げしてもカリカリとした食感を楽しめる。また種子は必須アミノ酸でもあるリジンを含む。

葉は長柄があり、菱状卵形または卵形で先が少し凹む。イヌビユ（写真右）がかなり凹むのに対しアオビユは少し。

葉だけでなく、全草をペースト状にしておくとパスタソースなどに応用できる。

これぞ
裏技

葉っぱだけでなく、花穂まで食べ尽くす
グリーンクリームパスタ

アオビユは塩茹でしてから適当な大きさに切り、フードプロセッサーでペーストに。フライパンに、みじん切りのニンニクと下記Aを入れ火にかけ、生クリームとアオビユペーストを加えて弱火で5分煮込む。茹でたパスタを加えたら完成。材料：アオビユの葉20枚、チキンコンソメ1コ、水50mℓ、牛乳200mℓ、パスタ200g、ニンニク1/2片、生クリーム50mℓ、A（オリーブオイル小1、バター大1）。

アオミズ

Pilea pumila (L.) A.Gray

イラクサ科ミズ属

効能	つま先の痛みの緩和・副鼻腔炎の緩和

北海道、本州、四国、九州の山の湿った場所に生育する1年草。茎はほぼ直立し、まれに赤みを帯びることもあるが基本的には緑色。葉は対生し、長さ3〜10cmの卵形、葉柄は長く、葉の3脈が目立つ。葉の縁に粗く鋭い、鋸歯がある。山菜のアオミズは、イラクサ科ウワバミソウ属のヤマトキホコリを（P.116参照）指す。同じく山菜のミズもウワバミソウを指すので注意が必要。

みずみずしい茎も鮮やかな葉っぱも美味

全体的に水菜のようにみずみずしく、夏場で、下処理なく頂ける便利な野草。味わいはミツバやセリに近い風味と食感である。

茎を太陽にかざして見ると、透き通っているかのようにみずみずしい。喉が乾いている時は、塩をつけてひとかじり。和名の由来も茎がみずみずしく草全体が緑色であるため。

同じミズ属のミズ（左）は鋸歯が葉先半分ほどにしか付かず、アオミズ（右）に比べ鋸歯の先端が鈍い。

茹でても色止めは不要

アオミズのジャージャー麺

これぞ裏技

中火で熱したフライパンにゴマ油を入れ、ニンニクを炒め、香りが立ってきたら、豚ひき肉、アオミズを入れ炒める。火が通ってきたら、残りの調味料を入れ、よく混ぜたら火からおろす。麺は茹でて水で冷やしたら、よく水を切り、お皿に盛り、別途に茹でたアオミズを添えて、肉みそを盛り付けたら完成。材料：アオミズの茎（みじん切り）適量、ゴマ油大さじ1、ニンニク1片、豚ひき肉150g、甜麺醤大さじ2、豆板醤大さじ1、酒大さじ1、オイスターソース大さじ1、鶏がらスープの素2g。

アキノノゲシ

Lactuca indica L.

キク科アキノノゲシ属

効能　消炎・抗菌・腸疾患・抗酸化作用

日本全土に分布し、日当たりの良い荒地、山野、河川敷などに普通に生える1・2年草。草丈は60〜200㎝。花期は8〜11月で淡い控え目な黄色い花を咲かす。茎はあまり分枝せず、直立し、茎を切ると白い乳液が出る。世の中のいわゆる美味い菜っ葉類で、レタスや韓国のサムギョプサル等に欠かせないツツミナもこのアキノノゲシ属である。野性味溢れるその青菜は、あらゆるレシピへと変貌する。

レタスの仲間だから
サラダやソースに

根生葉の葉は長さ10〜30cmで逆向きの羽状に裂ける（裂けないタイプのホソバアキノノゲシもある）。茎の上部になればなる程、葉はほとんど全縁で小さい。美味いのは12〜4月の根生葉と初夏の蕾。

タンポポと同じように根っこを使って
アキノノゲシの珈琲ゼリー

太い根を掘り上げ、綺麗にブラシで洗い、天気の良い日に短時間の天日干しで乾燥させる。それを粉砕し、フライパン等でローストし、煎じればアキノノゲシ珈琲ができる。タンポポ同様に、野性味溢れる苦味が引き立つ。それにゼラチンを加えてゼリーにしたら、珈琲ゼリーの完成である。

これぞ
裏技

アキノワスレグサ

Hemerocallis fulva L. var. *sempervirens* (Araki) M.Hotta

ワスレグサ科ワスレグサ属

効能　抗ストレス・不眠症改善

中国原産で、日本では九州から沖縄の海岸近くの草地に生育し、沖縄では盛んに栽培されている。この植物の仲間は基本的に夏に花を咲かせる種が多いが、本種は花期が最も遅く、秋に花を咲かせるので、この和名が付いた。また別名をトキワカンゾウと言い、ホンカンゾウの変種とされる。草丈30〜60cmで常緑の多年草。根にはオキシピナタニンが含まれ、深いノンレム睡眠を誘発し、レム睡眠量も増加。睡眠改善効果をうたったサプリメントも作られている。

西表島を旅した時に、知る人ぞ知る金城旅館に宿泊した。旅館の女将がこしらえてくれたミルスベリヒユとアキノワスレグサの蕾のマヨネーズ和えが秀逸だった。ミルスベリヒユの塩味とアキノワスレグサの滑りがマッチ。

安眠やリラックス効果が伝わり、沖縄では栽培も

花色の鮮やかさ、コントラストを味わう

イカ墨パスタの
アキノワスレグサのせ

これぞ
裏技

イカ墨をソースにしたパスタ料理で、ヴェネツィアの代表的な料理でもある。日本ではスルメイカやコウイカのイカ墨が主流となる。一般的な工程と一緒で、ニンニクがキツネ色になったら、パスタと茹で汁を加え、イカ墨は墨袋にキッチンバサミで切り込みを入れてそのまま加えると楽チン。仕上げにさっと下茹でした、アキノワスレグサを飾るのがポイント。

アマドコロ

Polygonatum odoratum (Mill.) Druce var.
pluriflorum (Miq.) Ohwi

キジカクシ科アマドコロ属

効能　滋養強壮・強精作用

分布は北海道〜九州で日当たりの良い山野や林縁に生育する多年草。草丈25〜110cm、根茎は円柱状、茎は上部で弓状に曲がり稜角がある。愛らしい花を葉腋に1〜2個付け、花序柄は長さ1〜1.5cm。春先の新芽もアスパラガスのように美味しいが、根茎は玉竹（ギョクチク）と言う生薬で、体を潤す滋養強壮作用があり、熱病による脱水、咳、口渇、寝汗などに用いる。

根のチンキ
乾燥またはフレッシュのアマドコロの根茎は焼酎に浸け、滋養強壮酒にするのが一般的。私は40度のウォッカに浸け込む。甘味ととろみが特徴的。

根茎が生薬の美徳の野草

スズランのような花

似ている植物

ナルコユリ

良く似ている植物として、生薬で黄精（オウセイ）として親しまれているナルコユリがある。これは、黄精あめや黄精酒などが有名で、江戸時代には滋養強壮薬として遊女たちを中心に一大ブームを巻き起こした。アマドコロとの違いは茎が丸く、より暗い場所に生える。

これぞ
裏技

灰汁が少ないから
子ども向けのアレンジにも
アマドコロのリオレ

リオレとは、米をミルクで炊き甘くしたフランスの家庭的なデザート。生のアマドコロの根をすり下ろし、リオレに加え馴染ませる。トッピングはメイプルシロップとナッツ類やベリー類で。

アメリカタカサブロウ

Eclipta alba (L.) Hassk.

キク科タカサブロウ属

効能　肝機能・腎機能の補強・止血作用・育毛

北アメリカ、南アメリカ原産の帰化種。湿地、水田、荒地など湿った土壌を好み生育する。草丈は20〜70cmで1年草。全体的に大型で葉の幅も広く、痩果はビルディング形。生薬では旱蓮草（カンレンソウ）と呼び、体を潤す滋陰薬（じいんやく）に分類。民間薬では二至丸（ニッシガン）に配合されている。

もじゃもじゃ増える全草を使って
アメリカタカサブロウの マカロン

アメリカタカサブロウパウダーは乾燥させた全草をミキサーで攪拌して作る。

痩果には翼はなく、ビルディング形。田んぼや畑などで良く遭遇するのはこのタイプ（アメリカタカサブロウ）が多い。

人の名前のような効能豊かな野草

これぞ裏技

卵白にグラニュー糖を入れ、湯煎でグラニュー糖を溶かし、重みがでるまで混ぜる。アメリカタカサブロウパウダーを加えアーモンドパウダーをふるいながら、3回に分けて入れる。トロッとなるまで切るように優しく混ぜ、180℃で余熱開始。絞り袋の先を1.5cmぐらい切り、クッキングシートを敷いた鉄板に絞る。180℃のオーブンで2分焼き、次に200℃で1分焼き、最後に130℃に下げて10分焼けば丁度良く焼き上がる。材料：アーモンドパウダー35g、卵白1個分、グラニュー糖70g、アメリカタカサブロウパウダー適量。

ウシハコベ

Stellaria aquatica (L.) Scop.

ナデシコ科ハコベ属

効能　解毒・浄血・消腫・
歯槽膿漏の予防・催乳

日本全土の山野、河川敷、草地、畑などに生育する、2年草又は多年草。一般的なハコベに比べて大きいため、牛の名が付けられている。茎は緑色の場合は節部が暗紫色になり、茎全体が暗紫色になる場合もある。葉は長さ2〜8.5cmの卵形でハコベの仲間では大型。上部の葉は茎を抱き、葉脈が深く、波打ち、下部の葉は柄がある。花は白色ハート形の5弁花、花弁が基部まで深裂し、10弁に見える。一般的にはハコベ属を薬用として用いる場合がほとんどであるが、ウシハコベはハコベの仲間でずば抜けて食べやすく、歯ごたえが良い。古来中国でも月経不順、高血圧、肺炎などに民間薬として重宝されてきた。

属名の学名 *Stellaria* は、ラテン語の **stella**（星）を語源として、ハコベの花が星のような形をしていることに由来する。野原に星が散りばめられている、ハコベの群生を見るといつもそう思う。

江戸時代の歯磨き粉

江戸時代中期に編纂された、『和漢三才図絵』には、生のハコベを搾った汁と塩をアワビの貝殻に入れて焼き、乾いたらハコベの搾り汁を入れて焼く。これを7度繰り返した塩ハコベを指先につけて歯磨き粉にしたと古来の「歯磨き粉」のレシピが残っている。これはハコベのサポニンによるもので、抗菌作用があり、水に溶けると石けんのように発泡作用があり汚れを落とす働きがあるため、天然の界面活性剤として用いられている。

蒸しパン

材料を全部入れて混ぜ、型に7〜8
割くらいまで入れる。深めの鍋に
1cmくらい水を入れて沸かしておく。
9分くらい蒸したら完成。材料：8号
カップ8〜9個、薄力粉100g、甜菜
糖20g、ベーキングパウダー3.5〜
4g、ウシハコベ（茹でたもののペー
スト）50g、牛乳80㎖。

ハコベ青汁

ハコベ（仲間なら何でも
OK）ひと握りと水100㎖
をジューサーに入れ、ペー
ストにして絞ったもの。

食欲をそそる
鮮やかなヒスイ色

ハコベシュウマイ

これぞ
裏技

薄力粉と強力粉をまんべんなく混ぜ、ハコ
ベ青汁に塩を溶かしたものを回しかけて、
最初はヘラでぐるぐる混ぜ、まとまってき
たら手で滑らかになるまでこねる。ラップ
をして30分寝かせる。しっとり艶やかに
なり弾力が出たら、打ち粉をして伸ばし、
シュウマイの皮は薄く伸ばす。厚さ1mmく
らい。指が透けるくらいが目安。これを正
方形に切って完成。材料（約30枚分）：薄
力粉150g、強力粉50g、ハコベ青汁100
㎖、塩小さじ1、打ち粉（強力粉）適量。

オオイタドリ

Fallopia sachalinensis (F.Schmidt) Ronse Decr.

タデ科イタドリ属

効能　通経・利尿・下痢止め

北海道、本州（中部地方以北）に分布
し、山野、道端、川辺の砂礫地な
どに生育する多年草。草丈は2〜
4mにもなり北海道ではごく普通
に見られる。アイヌの人たちはイ
コクトゥ (ikokutu) と呼び、若い茎
の皮を剥き生または煮て食べたり、
葉を火で炙って、できものに付け
たり湿布のように使用した。

効能の高さから
健康食品としても
注目の野草

雄花は上向きに穂状に立ち、
花被片は白く、5つに裂け、
雄しべは8本。

雌雄異株で、雌花は下向きに
穂状に垂れ、花被片の翼が肥
大化し、痩果を包み込む。

オオイタドリとイタドリ

イタドリとオオイタドリの違いは草丈の大きさだけでなく、葉の形も違う。イタドリの葉はオオイタドリと比べるとずっと小さく、葉身基部は切り形である。オオイタドリは全体的に葉脈も目立ち、葉身基部は心形になる。

オオイタドリ

イタドリ

オオイタドリとアオサの和風パスタ

春先の若葉を摘み、さっと湯がき細かく刻み、和風出汁とアオサに絡ませる。オオイタドリの酸味が和風出汁に合う。

白い花が咲いている時が摘み時
オオイタドリのハーバルバス

これぞ
裏技

江戸時代はイタドリの根茎を甘草と共に煎じて「冷飲子(レイインシ)」とし、夏の清涼飲料水として、喉の渇きを癒したり、咳止めとして服用した。和名の由来は「痛みを取る草」に因んでイタドリとされ、イタドリの全草を用いた薬草風呂も重宝されている。民間薬として肩凝り、神経痛、しもやけ、冷え性、腰痛に用いる。

イタドリまたはオオイタドリの全草を水洗いし、天日乾燥する。

オオケタデ

Persicaria orientalis (L.) Spach

タデ科イヌタデ属

効能　下痢止め・腫れ物

鮮やかな花色を使ってスパイスに

別名がオオベニタデと言うだけあり、かなり濃いピンク。花被片は紅色で5裂し、長さ3.5mm。

秋に葉や痩果を採取して、日干しにして乾燥させる。乾燥させても色彩は鮮やかなまま。

熱帯アジア原産の1年草で、観賞用に導入され、しばしば空地などに野生化してる。色彩も鮮やかで、イヌタデを遥かに巨大にしたような草姿が印象的。江戸時代に中国の『名医別録』には、葒草と呼ばれ「婦人の尿道の病気を治して熱を取り、視力を強めて、気分を好転させる」と痩果の効能の説明があり古来から民間薬として使用されている。日本でも江戸時代の本草書には「おでき」等に用いたとの記述がある。

オオケタデソルト

トッピングに映える濃いピンク

イヌタデ属の痩果は粒感がしっかりと味わえ、揚げ物やサラダなどで食感的なアクセントとなる。オオケタデの陰干しした痩果と粗塩をフライパンでさっと煎れば完成。身近でよく見かけるイヌタデやボントクタデでも代用可能。

これぞ裏技

66

オオバコ

Plantago asiatica L.

オオバコ科オオバコ属

効能	鎮咳・去痰・消炎・利尿・十二指腸潰瘍・動脈硬化

日本全国に分布し、原野や路傍に生育する多年草。葉は卵形から広卵形で多数根生し、種子は雨や水気を帯びると膨潤し、ゲル状の粘着性を帯び人間などに付着して広がる。古代ローマ時代、大プリニウスは多くの病気にオオバコの利用を勧めていたとされ、またアーユルヴェーダではイサゴールと呼ばれる近縁のインドオオバコの乾燥種子の煎剤を下痢止めや鎮痛に用いる。日本でも車前草（シャゼンソウ）として親しまれ、のどあめの製造や、解熱、貧血改善などに重宝された。

薬草や食用としても重宝される野の宝物

花は雌雄どちらかが先に熟し、同じ花では受粉しない仕組みになっているタイプもある。これは近親交雑を避け、遺伝的に多様な形質を受け継いだ子孫を残すためだとされている。

雌しべが先に熟し、雄しべはその後を追うように熟しているのがわかる。

加熱しても鮮かな緑色のまま
オオバコのホワイトシチュー

これぞ
裏技

オオバコの若葉にはグアニル酸（いわゆるキノコ類の旨み、香りを彷彿とさせるような芳香）が隠されている。若葉を口の中に入れ、ひと噛み、ふた噛み…あれ、ほら、したでしょう！ キノコの香りが。この若葉を摘み、さっと下茹でし、ホワイトシチューに加えた。マッシュルームのような風味を味わえ、彩りも美しい。

オガルカヤ

Cymbopogon tortilis (J.Presl) A.Camus var. *goeringii* (Steud.) Hand.-Mazz.

イネ科オガルカヤ属

効能	気管支炎・気管支喘息・リウマチ性関節炎・頭痛・打撲傷・下痢・腹痛

花序の小穂を採り、乾燥させると香りが飛んでしまうので、なるべくフレッシュな状態で使用する。

本州、四国、九州、沖縄に分布し、丘陵や河原の土手、草原に生育する多年草。かつてはやや普通にあり、日本の代表的な秋草として親しまれたが、近年は個体数が減少傾向に。葉、茎には芳香はないが、花序全体を揉むと強いリモネン臭がする。イネ科オガルカヤ属にはパルマロサグラス、レモングラス、コウスイガヤ等がある。

スタイリッシュで日本を代表するレモングラス

洋風出汁を取ってみた
オガルカヤの出汁ごはん

オガルカヤを不織布等に入れ、水を切った米とオガルカヤを土鍋に入れ、300mlの水を加える。ふたをして火をつけ中火で沸騰さたら完成。材料（3人分）：白米1.5合、水300ml、オガルカヤ7g。

これぞ
裏技

オガルカヤのオイル

フレッシュなオガルカヤの花序をハサミで細かく刻み、オリーブオイル瓶に浸けておくと、約1週間でレモンの香りが移る。そのオイルはパスタやカルパッチョなどに最適。

オニタビラコ

Youngia japonica (L.) DC.

キク科オニタビラコ属

効能 解熱・鎮痛・抗炎症・抗アレルギー

日本全国に分布し、公園、畦道、アスファルトの隙間、山野の林縁など、様々な立地に生育する1年草。ロゼットを形成し、春から夏にかけて長い花茎を形成し、タンポポのような黄色い舌状花の頭花を咲かせる。葉の色は緑色で淡紫褐色の斑入り、部分的に赤色を帯びるものがある。葉先は顕著に鋭形のもの、先だけ鋭形のもの、円形のものが混在する。菜っ葉として重宝する便利な野草で、おひたしや汁物には相性抜群。

オニタビラコのホットサラダ

マッシュルームと一緒にオリーブオイルで炒めるだけ。

タンポポより身近にあり気軽に摘める

クセになる苦味は
オニタビラコのホワイトビーフストロガノフ

マッシュルームをスライスし、牛肉は7〜8mm幅の細切りにする。塩小さじ1/2、コショウ少々をまぶして下味を付け、フライパンにバター10gを入れて中火で溶かし、牛肉を入れて炒める。肉の色が半分くらい変わったらマッシュルームを加えてサッと炒め、火を止めて取り出す。フライパンにバター10gを足して再び中火で溶かし、タマネギを加えて炒め、全体に馴染んだら、白ワインを加える。強めの中火にして混ぜながら煮立て、汁の量が半分くらいになるまで煮詰め、スープを加え、さらに半分くらいに煮詰める。生クリームと先に炒めた肉とマッシュルームを加えて混ぜ、中火で2〜3分間煮詰め、下茹でしたオニタビラコの葉を加え蒸らしたら完成。材料：牛もも肉200g、マッシュルーム6コ、タマネギ1/2コ、白ワインカップ1/2、スープカップ1/4（チキンスープの素小さじ1/4を水または湯カップ1/4で溶く）、生クリームカップ1/4、オニタビラコの葉20枚。

これぞ裏技

カキドオシ

Glechoma hederacea L. subsp.
grandis (A.Gray) H.Hara

シソ科カキドオシ属

効能　滋養強壮・胆汁分泌促進・
血糖降下作用

葉っぱや花の形が個性的な 薬効高い野のハーブ

日本各地の道端や畦道などに生育する多年草。草丈5〜20cm、茎は直立し、後に倒伏して長くランナー状に伸びる。葉は対生し長柄があり、腎臓形で長さ1.5〜2.5cm。花は葉腋に長さ1.5〜2.5cmの淡紫色の唇形花を1〜3個ずつ付け、下唇は中裂し、濃紫色の斑紋を付ける。生薬で連銭草（レンセンソウ）として、煎液は腎臓病や糖尿病、腎臓結石、膀胱結石に用いる。中国ではコウライカキドオシ、ヨーロッパではセイヨウカキドオシやコバノカキドオシを薬用として用いる。

良く似たツボクサの茎（写真下）と比較して見ると、葉柄の毛で一目瞭然。ツボクサは基本的にツルツル。

葉の葉柄から葉身にかけての比較は、ツボクサ（写真上）は葉脈がはっきりしてることが分かる。

コバノカキドオシは葉が小さく、花が目立つ。

これぞ
裏技

プロヴァンス地方の郷土料理に応用
カキドオシとリンゴのピサラディエール

パイ生地にスライスしたリンゴ、乾燥カキドオシ、ブルーチーズをのせてオーブンで焼く。カキドオシの芳香とリンゴの酸味が絶妙にマッチし、ブルーチーズの塩味が全体をまとめる。

カタバミ

Oxalis corniculata L.

カタバミ科カタバミ属

効能　腫れ物・虫刺され

日本全土に分布し、公園、アスファルトの隙間、ありとあらゆる生活圏に生育する多年草。茎は赤味を帯び、地上茎が地表を這って広がる。茎、葉、果実など全体的に有毛で葉は3小葉、小葉は倒心形（ハート形）。よくクローバーと混同されるが、クローバーはマメ科シャジクソウ属のシロツメクサである。生薬名は酢漿草（サクショウソウ）で腫れ物、虫刺されに、生の全草の絞り汁を患部に塗布する。

独特の酸味が
あらゆるジャンルに使える

カタバミを口に含むと、酸味がある。これはシュウ酸（ジカルボン酸の一種）でヒトでは代謝の最終産物（シュセキ）となる。その他にクエン酸、酒石酸等。

葉の生汁は、民間薬として虫などの毒に対して拮抗作用（きっこうさよう）があり、毒虫に刺された時や寄生性皮膚病に重宝されてきた。カタバミを摘み焼酎に浸け、痒み止めの外用チンキに。

これは驚き、スイーツにもぴったり
カタバミと生チョコレートケーキ

これぞ
裏技

ヨーロッパではカタバミはオクサリスまたはオキザリスと呼び、フレンチ業界で大活躍している。ほのかに舌を刺激する酸味があらゆる料理家の舌をうならせている。チョコレートケーキのトッピングが私のオススメであるが、牛肉、魚介などのアクセントとして使用するのも良い。

シュウ酸を多く含むため、スープやお茶などでの多量摂取は控える。

カラムシ

Boehmeria nivea (L.) Gaudich.

イラクサ科カラムシ属

効能	利尿作用・腫れ物（生の根茎を砕き患部に塗布）

分布は本州、四国、九州、沖縄の道端、荒地に生育する多年草。茎、葉柄、葉裏の脈上に斜上毛が密生する。葉は互生し、長さ約10〜15cm、縁に鋸歯があり、先が細く尖り、葉の裏には白い綿毛が密生する。雌雄同株。繊維としては、苧麻と呼ばれ、細く長い繊維が強靭であることや光沢に富むなどの理由から、高級な麻織物である上布などの材料として古くから重宝されてきた。沖縄県宮古島で作られている織物、宮古上布もカラムシの繊維である。

カラムシまたはナンバンカラムシの根は生薬で苧麻根、また茎皮を苧麻皮、葉を苧麻葉、花を苧麻花とする。根にはエモジン型アントラキノンが含まれている。

葉の裏面は綿毛があって白く、脈上に短毛がある。引きちぎると、綿毛がクモの巣のように伸びる。葉の裏面に綿毛がないものをアオカラムシという。

生粋の在来種がアッと驚く料理に変身

カラムシの乾きもの

蒸したカラムシの両面（写真2）に甘口醤油を塗り、天日で半日干したら完成。噛めば噛むほど染み出る味がおつまみに合う。

1 葉を洗い、水気を切り中華せいろに入れる。

2 両面しっかりと蒸され、しなしなになってきたら取り出す。

カラムシの白玉団子

カラムシの白玉団子は、葉を塩茹でし、冷水にさらしたら包丁で叩き、ミキサーでペーストにする。そのペーストを白玉団子と混ぜて、フライパンに油をひき両面焼いたら完成。敷葉にもできる。

繊維を使って
天然アクセサリーに

皮を剥ぎ、皮の表裏の不要な部分を削ぎ落とし、水洗い。水気を切り、細かく割き乾燥させる。

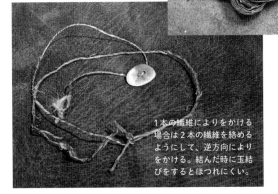

1本の繊維によりをかける場合は2本の繊維を絡めるようにして、逆方向によりをかける。結んだ時に玉結びをするとほつれにくい。

これぞ
裏技

葉の粘りを利用してアジアンテイスト料理に
カラムシと柿のダル

柿はヘタを除いて皮を剥き、種子があれば除く。柿は粗い千切りにして、そこにカラムシ、豆乳ヨーグルト、白出汁、すりごまを加えたら完成。材料：柿1個、カラムシの葉10枚（ペースト状にする）、豆乳ヨーグルト大さじ4、白出汁小さじ2、すりごま（白）小さじ2。

下部の硬い葉は繊維がきついので、上部の葉を摘む。

緑の色鮮やかな野草は沸騰したお湯から茹でると良い。

全体的にくたくたになり、とろみがでたら引き上げる。

まな板の上で包丁を使い、細かく刻み叩いてペースト状にする。

全ての材料を混ぜる。

73

キツネノマゴ

Justicia procumbens L. var. *leucantha*
Honda f. *japonica* (Thunb.) H.Hara

キツネノマゴ科キツネノマゴ属

効能　鎮静・鎮痛・解熱・鎮咳

分布は本州、四国、九州の道端や里山などで普通に見られる1年草。草丈20〜50cm。茎は4稜があり、下向きの曲った短毛が生え、葉柄は長さ3〜8mm、短毛がある。葉は対生し、全縁、楕円形。8〜9月の花が盛んに咲いている頃に地上部を刈り取り、生のまま使う。または、よく水洗いして陰干しで良く乾燥させたものは生薬で爵牀（シャクジョウ）とされ、痛み止めとして民間薬で用いる。

『本草和名』に記される
れっきとした薬草

奄美大島で何気なく散歩をしていたら発見したキツネノヒマゴ。良く似ているが、その雰囲気やオーラが全然マゴとは違った。

西洋ハーブ感覚で
全草を暮らしに
薬湯、ハーバルバス

これぞ
裏技

民間療法では腰痛に絞り汁を入浴剤とするやり方がある。絞り汁もオススメだが、陰干しで良く乾燥させた枝葉を薬湯にしても良い。

薬湯は乾燥ものを煎剤として頂く。一般的な浸剤だと基本的に味や香りは出ない。

ギョウジャニンニク

Allium victorialis L. subsp. *platyphyllum* Hultén

効能　滋養強壮・抗菌作用・
　　　生活習慣病の予防・抗酸化作用

北海道や近畿以北の亜高山地帯の針葉樹林、混生樹林帯の水湿地に生育。葉は偏平で、長さ20〜30cm、幅3〜10cmで葉身は柔らかい質の長楕円形または楕円形。ちぎるとニンニク以上に強いニンニク臭を放つ。地下には鱗茎があり、葉は根生し、20cmほどの葉柄に1〜2枚付け、全体的に緑色で、基部は赤茶色の繊維状の葉鞘となって茎を巻く。北海道ではアイヌネギ、キトビロなどと呼ばれ、親しまれている。

花はネギ属の中でも非常に清楚で、茎頂の直径約5cmの球形花序に白色または淡紫色の花を多数付け、花被片6個。外花被片より内花被片の方が大きい。雄しべ6個。

栄養価の高さから考案
ギョウジャニンニクの
ソミュール液

材料を全て混ぜ、これに肉を24時間浸け込むとギョウジャニンニクの香りが移り、肉も柔らかくなる。ソミュール液とは、簡単に言うとハーブやスパイスや砂糖などを混ぜた塩水のこと。主にフレンチの豚肉加工品・シャルキュトリを作る際に使われているもので、レシピも様々。アメリカではブライン液と呼ばれている。材料:水500㎖、岩塩35g、三温糖25g、ギョウジャニンニク適量、ブラックペッパー（ホール）適量。

これぞ
裏技

ギョウジャニンニク
バター

乾燥させたギョウジャニンニクの葉を細かくし、少しゆるくなったバターに混ぜる。このとき、ドライのタイムやローズマリーやカキドオシなどを加えると更に旨くなる。パスタ、バケットに付けて食べる。

ニンニクも顔負けの香り
疲労回復効果も

クズ

Pueraria lobata (Willd.)
Ohwi subsp. *lobata*

マメ科クズ属

効能　発汗・解熱・鎮痙

日本各地の空き地から山野まで幅広く分布し、東〜東南アジアに広く分布する蔓性多年草。茎は黄金色の毛が密生し、基部が木質で著しく伸長して匍匐する。葉は互生し、長柄のある3出羽状複葉で、小葉は時に3裂する。秋の七草として古来から親しまれている雑草でもあり薬草でもある。根が生薬の葛根（カッコン）として、漢方処方では葛根湯、葛根湯加川芎辛夷（キュウシンイ）（カセン）などに配合される。

花は二日酔いの薬として民間薬で重宝されている。また花に含まれる、イソフラボン（テクトリゲニン類）を摂取する事で、肝臓が中性脂肪を作り出すのを抑制する。

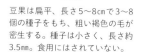

豆果は扁平、長さ5〜8cmで3〜8個の種子をもち、粗い褐色の毛が密生する。種子は小さく、長さ約3.5mm。食用にはされていない。

特有の芳香成分はアントラニル酸メチルと言って、清涼飲料水の着香料としてブドウ風味の香りをつけるのに用いられている物質である。

ブドウのような花の芳香は揮発して飛びやすいので摘んだら密閉袋に入れ、その後ザルに移して陰干しにする。

野草の今どきの活用法
古くから重宝されてきた

沖縄で撮影したタイワンクズ。
分布は奄美大島以南の琉球列島、
台湾、中国などの南西アジア。
クズに比べ、花がより青みのあ
る淡紫色。

クズ粉

地下茎にデンプンを貯蔵する部位があり、大きなもの
では太さ30cm、長さ数mにもなり、これを潰してデン
プンを抽出したものがクズ粉として用いられる。今で
は高級食材で「吉野葛」や「朝倉葛」が有名である。

独特の甘い香りが喉にやさしい
クズの花あめ

鍋の水が沸いたらクズの花びらを入れ、濃いめのエキスを作り、
しっかり絞って濾しておく。鍋にエキス、甜菜糖、水あめを入
れ沸騰させる。この時あまりかき混ぜずに沸騰させる事がポイ
ント。120℃から130℃まで温度をあげレモン汁を加え、すぐ
に火を止め、一瞬鍋底を水に浸けて余熱を取る。シリコンマッ
トまたはオイルを塗ったクッキングペーパーやアルミホイルの
上に流して冷ます。材料:20〜25個分:水100mℓ、生の葛花、甜
菜糖120g、水あめ30g、レモン汁4mℓ

これぞ
裏技

花を沢山加えたら、より美しい
褐色と香りが楽しめる。

クマタケラン

Alpinia x formosana K.Schum.

ショウガ科ハナミョウガ属

効能　健胃・発汗・解熱・鎮痛

九州（南部）～沖縄の暖地の海岸に近い林下などに生育する草丈1～2mの多年草。ゲットウとアオノクマタケランの雑種とされる。葉は葉蘭のように大きく、長楕円状披針形で長さ50～70cm、幅8～12cm。先は鋭く、縁にはまばらに黄金の毛がある。花は美しく、花冠は白色で大きく、唇弁は長さ2～3cmで、黄色を帯び紅条がある。果実（蒴果）は球形で赤熟するが、結実しにくい。初めて出逢ったのは奄美大島である。近縁のゲットウやアオノクマタケランは把握していたので識別は容易だった。

蒴果の比較

左からゲットウ、クマタケラン、アオノクマタケランの実。比較のポイントは、筋が入りうねりがある、ややうねりがある、まったくない。これでゲットウ、クマタケラン、アオノクマタケランが識別できる。

似ている植物

ゲットウ

全体的に肉厚で、唇弁は黄色で中央に紅条がある。

ハナミョウガ

全体的に上品で、唇弁は濃い紅と白地がいちごミルクみたい。

アオノクマタケラン

クマタケラン同様に清涼感のある芳香で、少し青っぽい香りが特徴。

ホットジンジャー

クマタケランの葉を乾燥さ
せて、レモンと蜂蜜を加え
少し煮出すと、優しいホッ
トジンジャーになる。

**奄美の土産
カシャ餅**

奄美ではクマタケランをカシ
ャと呼び、民間薬として用い
る。また、カシャンハ（カシ
ャの葉）で包んだカシャ餅は
奄美の昔ながらのおやつ。

さわやかな香りを薬味風に
クマタケランの
葉香るにゅう麺

これぞ
裏技

にゅう麺を煮る時にクマタ
ケランの乾燥葉を入れると、
ショウガを加えたかのよう
な芳香がする。より香りが
欲しい場合は生葉でやると
かなり香りが出る。クマタ
ケランがない場合はゲット
ウやハナミョウガでも代用
可能。

ゲッカビジン

Epiphyllum oxypetalum (DC.) Haw.

サボテン科クジャクサボテン属

効能 血痰・咳・血尿・息切れ

神秘的な蕾も花もごちそうに！

原産地はメキシコからブラジルの熱帯雨林、熱帯圏を中心に広く栽培されている。葉などにサボテン科特有のトゲはなく、葉状茎の丈が1～2mにまで達すると蕾の形成が見られる。花は、夜に咲き始め翌朝までのひと晩でしぼみ、そのエイリアンのような豪快な蕾は、台湾の八百屋などで野菜のように販売しており、開花中の花、開花後のしぼんだ花もスープや炒め物の具として使われる。室内でも栽培は容易で、挿し木で増やしたものが我が家ではすくすく成長している。

美しき蕾を美味しく頂く
コンフィチュール

これぞ
裏技

この美しい、エイリアンのような蕾は原型を残したいのであえてカットせず、そのまま使用する。下茹でした蕾を、濃い目に作ったローゼルとサンザシのコーディアルに入れ、低温で煮込む。最後にレモンを絞れば完成。夏場は冷やしてアイスクリームを添えても良い。

基本的な下処理は、お湯を沸騰させ、30秒程茹でてザルに取り、水で冷ます。

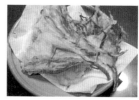

天ぷらはさっと洗い水気を切り、軽い天ぷら粉で揚げる。サクッとした食感ととろみが絶妙。

コンソメ出汁で作った西洋おでんに、蕾や開花後の花を加える。花オクラのようにとろみが出て美味しい。

コシカギク

Matricaria matricarioides (Less.)
Ced.Porter ex Britton

キク科シカギク属

効能　抗痙攣・催乳剤・鎮静剤・冷え性

原産地はアジア東北部やヨーロッパで、日本では北海道の荒れ地や草原に見られ、本州、四国の開港地でまれに見かける。1年草で草丈5〜40cm、葉は2〜3回羽状に全裂し、終裂片は線形、無毛で、芳香がある。頭花はカモミールと違い、舌状花がなく、卵の黄身のような黄緑色の筒状花。花床は円錐形で鱗片がなく中空。

頭花を揉むと青リンゴのような芳香が。個人的にはジャーマンカモミールよりもこの香りが好きである。頭花を中心に茎葉を7〜10月に採集し、香りが揮発しないように陰干しする。ハーバルバスにも最適で万能なハーブ。

背が低く愛らしい花姿でカモミールに似たさわやかな香り

西洋ハーブのように
生の花や葉をそのまま
コシカギクのミルクティー

これぞ
裏技

鍋にお湯150mlを沸かし、コシカギクひとつかみを入れて5分程煮出す。コシカギクだけを取り出した後、牛乳50mlと砂糖を加えて弱火で加熱し、沸騰直前まで温め、カップに注ぎシナモンパウダーをふりかけて完成。

サワアザミ

Cirsium yezoense (Maxim.) Makino

キク科アザミ属

効能　止血

近畿から北海道南部にかけての日本海側の沢沿いや川岸などの湿り気のある場所に生育する多年草。草丈は大きな個体だと2mにもなり、まれに3mに達するものもある。茎にはくも毛があり、茎に付く葉は中裂するが、トゲは基本的に鋭くなく、一般的なノアザミより大きい。アザミ属には、美味しいフジアザミ、モリアザミ、ダキバヒメアザミ、オイランアザミ、ノアザミなどあるが本種はみずみずしくて香り高い。

淡紅紫色の頭花は存在感があり、水辺に生育する個体ほどしなやかで旨い。

花はうつむき加減
沢沿いに生える

旬の素材と合わせて今だけの味
サワアザミとホタルイカのビネガー和え

これぞ
裏技

材料をボウルに入れ、塩少々を加えてさっと混ぜ、オリーブオイルを加えて馴染ませる。材料：ホタルイカ（茹でたもの）8個、下処理（右の写真にプロセス有り）したサワアザミ適量、新ショウガ（千切り）1片、赤ワインビネガー大さじ1、塩小さじ1、オリーブオイル大さじ2、粗挽き黒コショウ少々。

岐阜県揖斐では、サワアザミは野菜のように畑で栽培し葉肉部分を除いた葉軸を茹でて灰汁抜きして、煮物、塩漬けにして食べる。

下処理には外皮を、葉柄をつかんで下方に引っ張って剥き 5〜8分茹でて流水で灰汁を流す。苦味が強い時は半日ほど水にさらす時間を長く取る。

シシウド

Angelica pubescens Maxim.

セリ科シシウド属

効能	鎮痛・発汗・駆風

別名はアンゼリカ、ヨーロッパでおなじみのハーブ

本州、四国、九州に分布し、山地の日当たりの良い草地に生育する多年草。葉は2〜3回羽状複葉で小葉は長さ5〜10cm、鋸歯があり、先端の基部は翼状になる。葉柄の基部は鞘状に膨らむ。葉の両面の脈上に縮れた細毛がある。大散形花序に小さな白花を多数付ける。独特な芳香があり、和名は人間というよりはイノシシが食べるウドということに由来している。また山菜のウドとは全く別のグループなので、代用はできない。生薬では唐独活（トウドクカツ）と呼び、内服で発汗、駆風、鎮痛作用がある。薬湯としては冷え症、神経痛等に効果的。漢方処方には荊防敗毒湯（ケイボウハイドクトウ）、十味敗毒湯（ジュウミハイドクトウ）などに配合されている。

果実は長さ7〜9mm、幅5〜7mm、翼は広く、2個に分果し、向き合って付く。芳香も非常に強く、セロリとパセリを混ぜたような香り。果実の表面の油管が明瞭に見える。

これぞ裏技

セリ科独特の香りをソルトに

シシウドソルトのから揚げ

秋口に種子を採集し、陰干しする。それを細かくミルサーにかけ、塩コショウとブレンドする。乾燥させた葉も加えるとさらに香りが立つ。

シマトウガラシ

Capsicum frutescens L.

ナス科トウガラシ属

効能　抗酸化作用・食欲増進・血行促進・発汗作用

シマトウガラシはキダチトウガラシの栽培品種で、沖縄の島野菜を代表するスパイス。植物学的にはトウガラシ属のキダチトウガラシ（*Capsicum frutescens*）に分類され、タバスコソースの原料となるタバスコやプリッキーヌーなどの近縁種。日本では1年草扱い。18世紀に薩摩藩を経由して沖縄に伝わったとされ、沖縄方言で「コーレーグース」と呼ばれ、その語源は高麗の薬（こうらいぐすい）がなまったものとされている。今ではシマトウガラシを泡盛に浸け込んだ調味料を指すことが多い。

トウガラシより辛い沖縄の代表的なスパイス

突き刺さるような爽快な辛味が特徴的なシマトウガラシ。

シマトウガラシの栽培は容易で、種まきは3〜4月で、収穫時期は6〜11月頃。開花後50〜60日ほど経って赤く完熟したものを収穫する。

世界には唐辛子の種類は3000以上とも言われ、世界中で様々な分野で活躍している。日本にも様々なトウガラシがあるが、タバスコにはシマトウガラシが合う。

シマトウガラシのタバスコ

1 シマトウガラシ（生）適量のヘタを取る。フードプロセッサーにシマトウガラシを入れ、良く撹拌する。

2 酢大さじ2、塩麹小さじ1、塩少々を加えてさらに撹拌したら完成。

シマトウガラシで作った自家製タバスコでトマトパスタに風味付け。

ピリ辛を活かして
シマトウガラシのオリジナルラー油

小さめの鍋にサラダ油、ギョウジャニンニク、ショウガ、シマトウガラシ、花椒を入れて強めの中火で加熱する。油がふつふつとしてきたら弱火にし、ギョウジャニンニクがしんなりとするまで15分ほど煮る。火を止めて中身を取り出したら完成。お好みでパプリカパウダーを加え馴染ませても良い。材料(130㎖)：サラダ油150㎖、ギョウジャニンニク1/3本分、ショウガ（薄切り）2枚、シマトウガラシ（輪切り）1g、花椒小さじ1/3。

これぞ裏技

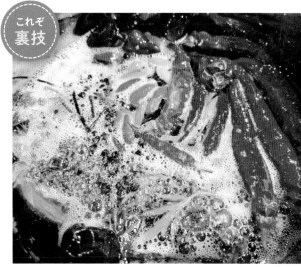

シマバナナ

Musa spp.

バショウ科バショウ属

効能: 貧血予防・皮膚炎予防・口内炎改善・抗酸化作用・抗ストレス

沖縄県や鹿児島県、東京都小笠原諸島などで栽培されている小型のバナナ。モンキーバナナのようにミニチュアなバナナで長さは10〜15cmほど。柑橘のような酸味が特徴的だ。また皮が薄く、肉質は餅のようにねっとりとしていて、キャベンディッシュ（一般的なバナナ）とはまた違った風味である。19世紀後半に小笠原から沖縄県に伝わったとされることから「小笠原種」とも言われ、現在は沖縄県や鹿児島県の特産品になっている。

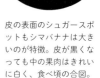

薄い皮と柑橘のような酸味が特徴的なシマバナナは、知る人ぞ知る琉球果物の名物。しかし、生産が安定しておらず滅多に流通せず、希少価値が高い。通常のバナナの10〜20倍の値段。

皮の表面のシュガースポットもシマバナナは大きいのが特徴。皮が黒くなっても中の果肉はきれいに白く、食べ頃の合図。

大きさを比較すると

シマバナナ / 台湾バナナ

小ぶりで甘い台湾バナナよりさらに小さいけれど、甘味と酸味が強い。

沖縄に行く際には必ず道の駅に寄りこのシマバナナを購入し、おやつにしている。冷凍庫に入れるだけで、ねっとりバナナアイスに変貌する。

シマバナナのポタポタ餅

餅をオーブントースターであまり焦げないように柔らかくなるまで焼き、バナナは皮を剥き半分に切る。餅とバナナを混ぜ馴染ませる。フライパンにバターを溶かし、こんがりキツネ色になるまで焼き、甜菜糖をかけたら完成。材料2人分：餅1個、シマバナナ2本、バター大さじ2、甜菜糖適量。

バナナの花茶

マレーシアではバナナ類の花も乾燥させてお茶で頂く。口に入れた瞬間、甘い香りが楽しめる。

ミニサイズでも
栄養価は満点

1

リンゴは皮を剥き小さく切り、砂糖をまぶす。シマバナナは輪切りにし、リンゴとリンゴ酢を深めの耐熱容器に入れ、ラップをしレンジで4分加熱する。

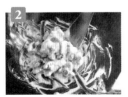

2

全ての材料を混ぜ、ラップをせずにレンジで2分加熱し、水分を飛ばすように混ぜたら完成。

甘味と酸味を活かして万能ソースに
シマバナナのチャツネ

リンゴと混ぜ合わせると万能チャツネが簡単にできあがる。材料：リンゴ1個、シマバナナ1本、タマネギみじん切り大さじ2、レモンくし切り1/4個分、砂糖40g、リンゴ酢30㎖、シナモンパウダーひとつまみ、REDMAMA（ペッパーソース）小さじ1/2。

これぞ
裏技

87

シロザ

Chenopodium album L.

ヒユ科アカザ属

ゴツゴツとした、粒状なものは果実を包んだ花被である。直径約1.5㎜で果皮を除いた種子は光沢がある。

効能　健胃作用・強壮作用・血圧低下の効果

日本全土の道端や荒れ地、河川敷、畑などで見られ、大型なものでは180cmにもなる1年草。茎は良く枝分かれして直立し、若葉には表側の基部に白色の粉が密に付く。民間薬として葉を揉んで虫歯に塗るなど歯の痛み止めにしたり、乾燥した茎や葉を煎じて下痢や健胃、強壮薬にも用いられる。

木質化した茎は、硬く軽量な為、杖として古来から重宝されてきた。水戸黄門や松尾芭蕉も愛用していたほど愛好家は多かった。

近縁のアカザはシロザの変種で、粉状物が赤くなるものである。このシロザとアカザの中間もあり、桃色なため、私は勝手にモモザと呼んでいる。

葉の表面はガラス玉のような丸い粒が散りばめられている。これを粉状毛と呼び、未熟な細胞の遺伝子を紫外線から守るフィルター的な役割があるのではないかと言われている。

畑の困り者はインドではおいしい野菜

これぞ
裏技

目を見張る種子の活用法
シロザのクスクス風

シロザの花被と種子を手ですり潰し、粒状にする。それを菜種油で数分、キツネ色になるまで素揚げにして、甜菜糖で甘味を付けたら完成。食べてみると、キャラメルポップコーンの味わい。サラダや様々な料理のトッピングに。

スベリヒユ

Portulaca oleracea L.

スベリヒユ科スベリヒユ属

効能　利尿作用・消炎作用・抗菌作用・解毒作用

多肉質な葉や花は非常に繊細で、花は黄色で直径6〜8mm。日が当たると開き、暗くなると閉じる。花弁は5個で萼片は2個。

東北や沖縄では野菜に干して生薬にも

世界の熱帯から温帯にかけて幅広く分布し、日本全土で見られる1年草。多肉質で乾燥耐性があり、畑や路傍、アスファルトの隙間など日当たりの良い所に生育する。農業においては畑作の害草であるが、私がこれまで旅してきたエジプト、ギリシャ、台湾、ネパール、インドネシア等では野菜の感覚で親しまれていた。しかも、植物性オメガ3脂肪酸であるα-リノレン酸を含み、近年ではスーパーフードとして注目されている。また全草が馬歯莧（バ シ ケン）と呼ばれる生薬で、消化吸収のバランス調節を整えてくれることから、慢性の腸炎などに処方されることもある。

食べるだけじゃない、
意外な常備薬

スベリヒユの痒み止め

乾燥させたスベリヒユとレッドスピリッツ（40度のウォッカ）でチンキを作る。虫刺されはもちろん、化粧水としても利用でき、葉、茎から得たエキスは保湿作用、抗炎症作用、抗菌作用が期待できる。

これぞ
裏技

スベリヒユのバターカレー

一般的なバターカレーのレシピにスベリヒユの茎と葉をさっと茹で、冷水にさらしペーストにしたものを最後に加える。スベリヒユ特有の酸味と粘りがカレーに合う。

タンポポ

Taraxacum spp.

〔キク科タンポポ属〕

効能	解熱・発汗・健胃・利尿・強壮・催乳

立派な薬草
お馴染みのポピュラーな野草は

タンポポは、キク科タンポポ属の総称で日本の在来種には20種、世界には約2千種もあると言われる。世界的に薬用とされ、フランスではピサンリと呼ばれ、これはオネショを意味し、タンポポには利尿作用があ

開花直前を根つきのまま、掘り起こして採集する。

ることに由来している。英名はダンデライオンと呼び、ハーブティーとして親しまれている。生薬でも根を蒲公英根（ホコウエイコン）として、近年では育毛剤エキスなどに加える取り組みもある。

コーヒーだけじゃない、根っこをスイーツに
タンポポプリン

タンポポプリンのキャラメルのアイデアは、タンポポ珈琲を飲んでいて閃いた。この苦味成分タラキサシンの苦味を、プリンのキャラメルに活かしたいと。

これぞ
裏技

❶採集した根をよく洗って土を落とし、❷包丁で適当な大きさに刻み、❸日干しにすると根の下処理が出来る。これを煎じてキャラメルにする。右の❹〜❻参照

❹甜菜糖大さじ4、タンポポの煎液大さじ4を弱火で熱し、❺かき混ぜずに鍋をゆすりながら砂糖を溶かし全体に色を付け、❻大きな泡が小さくなり、とろみが付き、あめ色になったら火を止める。

チチコグサ

Euchiton japonicus (Thunb.) Anderb.

キク科チチコグサ属

効能　解熱・利尿・喉痛・感昌

日本全土の道端、公園、山野の道端や荒れ地に生える多年草。草丈15〜30cm。匍枝（ふくし）を出して増える。根生葉は花期にも残り、長さ2.5〜10cmの美しい線状披針形。表面は薄く綿毛が生え、裏面は綿毛が密生して白っぽい。頭花は茎の先に丸く集まり、花序の下に披針形の苞葉が放射状に付き、エーデルワイスのようなフォルム。総苞は長さ約5mmの鐘形。

チチコグサとハハコグサ

ハハコグサは頭花が黄色く柔らかな印象。チチコグサはハハコグサと同属だったが、ハハコグサ属からチチコグサ属 *Euchiton* に分離された。

良く見ると、地味で小さな野草でも非常に美しいことに感心させられる。このメタリックなピンクと白い綿毛は非常におしゃれ。

乾燥させるだけで
カンタンバリエーション

これぞ
裏技

生薬では天青地白（テンセイジハク）と呼ばれ、全草を乾燥させ、煎じて服用か、青汁を飲用する。ほんのり苦味があるが、薬草としては飲みやすい部類だ。

基本的には陰干しをオススメする。

陰干しのものを細かくし、蜂蜜に浸け、ハーブハニーにする。喉が痛い時に効果的。

陰干しのものを煎剤または浸剤として内服する。夏場は水出しハーブティーでも良い。

ツルニンジン

Codonopsis lanceolata (Siebold et Zucc.) Trautv.

キキョウ科ツルニンジン属

効能　ヘモグロビン増加・疲労回復・
　　　血圧降下・鎮咳・去痰

北海道、本州、四国、九州の山野の林内に生育する蔓性多年草。全体に無毛またはわずかに毛がある。蔓状の茎は、切ると白い乳液が出、ゴマ油のような香りがする。生薬では羊乳（ヨウニュウ）と呼び、去痰に煎服で用いる。日本でツルニンジンを食べる習慣は基本的にないが、韓国ではトドクと呼ばれ、ヘルシーな高級食材として現代でも食されている。

"ニンジン"だから効能が高く韓国では代表的な食材

別名ジイソブと呼び、ソブは木曾地方の方言でソバカスを意味し、花冠の内側の紫褐色の斑点を爺さんのソバカスに譬えたのが名の由来。一方、上の写真のバアソブは小型で全体に白い毛が散生する。

根はニンジンのように長く立派。和名の由来もチョウセンニンジンに似ていることから。

種子は淡褐色で光沢はなく、片側に種子より大きな翼がある。

ツルニンジンの麻婆豆腐

根は希少なので基本的には使用せず、葉を10枚ぐらい摘み、さっと水で洗う。この時、強く洗い過ぎると特有の香りがなくなるので要注意。それを刻み麻婆豆腐の最後に加えたら完成。

ツルニンジンのキムチ

韓国では葉や茎、そしてニンジンのような根も全て利用して食べる。ツルニンジン特有の香りは食欲をそそるスパイスに変貌する。私が特に好きな食べ方はやはりキムチである。

ツルニンジンの洋風白和え

豆腐を水切りし、フードプロセッサーで潰し、塩少々とパルメザンチーズを加え、良く混ぜ合わせる。ツルニンジンをさっと茹で、水気を切って一口大に切って加える。材料：パルメザンチーズ大さじ2、木綿豆腐150g、ツルニンジン葉適量。

これぞ
裏技

タルトやキッシュにも大活躍
モーニングキッシュ

ほうれん草は洗って4cm幅に、ベーコンは1cm幅に切る。この間にオーブンを200℃で余熱。フライパンにバターを熱し、ツルニンジンとベーコンを炒め、冷ます。ボウルに卵を割り入れ、牛乳、マヨネーズ、塩コショウと合わせ、ボウルに冷ました具材とチーズ大さじ1を入れ混ぜ合わせたら、耐熱皿に移し、チーズをトッピング。200℃のオーブンで30〜35分、こんがり焼けたら出来上がり。材料2人分：ツルニンジン葉15枚、ベーコン40g、バター大さじ1、卵（Lサイズ）2個、牛乳200㎖、マヨネーズ大さじ1、塩小さじ1/2、コショウ少々、ピザ用チーズ適量。

ツルマンネングサ

Sedum sarmentosum Bunge

ベンケイソウ科マンネングサ属

効能　**肝臓保護・血圧低下・殺菌・消炎**

薬用として使用する場合は、夏秋季に全草を採集し日干しする。

中国が原産とされる多年草で、日本には園芸目的で導入され、野生化している。葉は淡緑色から黄緑色で、大きな葉でも長さ2.5cm、幅0.7cmほどで縦長の長楕円形から披針形または倒披針形で厚みがあり、花は初夏に黄色の星形をした5弁の花を咲かせる。中国では垂盆草（スイボンソウ）と呼び、ツルマンネングサに含まれるサルメントシンという成分が肝炎治療の目的に用いられ、医学では肝炎に対する肝保護療法のひとつとして処方されている。

中国では薬草
韓国では野菜として
重宝される多肉植物

韓国では和え物や
サラダにして食すことから
ツルマンネングサのキムチ

韓国ではナムルにして食べることが多いが、キムチに加えても美味。またコチュジャンで和えて食べても良い。プチっとした多肉質な食感が魅力的。

これぞ
裏技

生でも基本的に美味しいので、あまり茹でないことをオススメする。

ツユクサ

Commelina communis L.

ツユクサ科ツユクサ属

効能　解熱・利尿

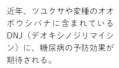

日本全土に分布し、畑や道端や公園など身近な生活圏内に生育する1年草。花は朝に咲き、昼にはしぼむ。草丈は15～50cmで直立し、花序は2つの蠍型花序からなるが、基部側では蕾が発達しないことが多い。花序には2つ折りの総苞が付き、後縁部は合着しない。開花期に全草を乾燥させたものが生薬の鴨跖草、その煎剤を解熱、利尿に用いる。ツユクサの青色アントシアニンはコンメリニンと呼ばれ、水で希釈してゆくと色を失う性質により跡を残さず綺麗に洗い流せるため、友禅染の下絵描きに用いられている。先人の知恵はやはり超人的である。

古くから親しまれ
今でもお馴染みの野草

近年、ツユクサや変種のオオボウシバナに含まれているDNJ（デオキシノジリマイシン）に、糖尿病の予防効果が期待される。

ツユクサ塩

花弁を丁寧に摘み、ボウルに入れて水を少々加えてすり潰す。そのエキスに塩を混ぜ、乾燥させる。

ムースやスムージーなど
葉っぱも優れもの
ツユクサの抹茶風ラテ

ツユクサの葉を陰干しで乾燥させてミルサーで粉末にし、ふるいにかける。それを大さじ1と熱湯を適量加え、良く馴染ませたらホットミルクと黒糖を加え、茶筅で混ぜる。

これぞ
裏技

ドクダミ

Houttuynia cordata Thunb.

ドクダミ科ドクダミ属

効能　抗菌・解毒・血圧降下作用

本州、四国、九州、稀に沖縄にも分布
し、山野や庭などで普通に見られる多
年草。草丈15〜35cmで茎は直立で分
枝し、葉はまばらに互生し、ハート形。
生薬では、十薬（ジュウヤク）と呼び、日本の三大民
間薬のひとつでもある。平安時代前期
の薬物書『本草和名』には紀布岐（シブキ）と呼
ばれる薬草名で、これが「ドクダミ」
として記載されている。ま
た中国薬局方の『中華人民
共和国薬典』では、魚のよ
うな生臭さのある草として、
魚腥草（ギョウセイソウ）の名がある。

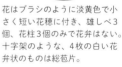

花はブラシのように淡黄色で小
さく短い花穂に付き、雄しべ3
個、花柱3個のみで花弁はない。
十字架のような、4枚の白い花
弁状のものは総苞片。

あの独特の芳香に
多くの細菌を抑える効能が

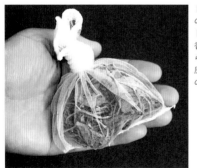

ドクダミのえぐい芳香はアルデヒド
の一種のデカノイルアセトアルデヒ
ドやラウリルアルデヒド。特有な芳
香は強力な殺菌作用をもつことが知
られており、食中毒や傷口の膿みの
原因となる黄色ブドウ球菌など多く
の細菌を抑えてくれる。

薬用には開花期の地上
部を刈り取り、揮発性
の芳香を残すため、陰
干しする。それを細か
く刻み麻布でくるみ薬
湯にする。あせも等の
緩和が期待できる。

大いに活用したい根っこ
ドクダミの根の四川料理風

これぞ
裏技

特製ドクダミそぼろの作り方

根は流水でしっかり洗い、半日ボウルに浸けて汚れを落とす。

水気を切り、細かく刻む。

新鮮なものほど、特有の芳香が強い。

ゴマ油をフライパンにひき、低温で炒める。

北京では、葉よりドクダミの根が八百屋に並ぶほど愛好家が多い。貴州料理では、ドクダミ根と干し肉の炒め『折耳根炒腊肉（ズェーアーゲンチャオラーロー）』が人気である。私も様々な時期にこの根にチャレンジしてみたが、やはりタイミングが重要になるようだ。初夏の開花前の根が筋張らず、香りも熱を加えたらライムのような芳香。花椒（カショウ）、湖辣椒（フーラーショウ）、ひき肉、ニンニク、ショウガ等で炒め、甘辛く味付けしたら完成。

もっと活用したい
日本の三大民間薬のひとつ

ドクダミ坦々麺
作った特製ドクダミそぼろは、担々麺や麻婆豆腐、生春巻きに相性抜群。四川料理のバリエーションとして活用できる。

トチバニンジン

Panax japonicus (T.Nees) C.A.Mey.

ウコギ科トチバニンジン属

効能　健胃・去痰・強壮

北海道、本州、四国、九州に分布し、やや湿り気のある林床に生育する多年生植物。草丈は50〜80cmで、葉は3〜5枚輪生し、葉身は掌状複葉で小葉（3〜5枚）は倒卵形を呈し先端は尖る。葉がトチノキに似ていることから和名は由来している。花は淡緑色で小さく茎の先端に長い柄を出して散形状につき夏に咲く。果実は径6mmくらいの球状で秋に紅熟する。

根茎は白色で太くて節があり、生薬ではこれを竹節人参と呼ぶ。チクセツサポニンを含み、健胃・去痰・強壮などの作用がある。漢方製剤としては、柴葛湯加川芎辛夷などに配合されている。また1年に1葉を展開した後に根茎が1節ずつ増えていくことから年数は根茎でわかる。

初秋に真っ赤に熟した果実が目を引く多年草

これぞ
裏技

ニンジンと名がつくだけあって芯からぽかぽかに

トチバニンジンの薬湯

葉と茎を陰干しし、それを細かくしたものを、薬湯にする。また根をチンキにして、それを湯船に適量（大さじ2程度）を入れて、良くかき混ぜてから入浴する。チョウセンニンジンのような芳香が湯船に広がり、身体も温まる。

ナズナ

Capsella bursa-pastoris (L.) Medik.

アブラナ科ナズナ属

効能　殺菌・消炎・止血・
血液循環促進・抗菌・利尿・
収斂・血圧低下・解熱作用

ナズナ属ではないが、マメグンバイナズナ属のマメグンバイナズナも良く同じような環境に生える。これはスーパーフード、マカの近縁で根が太い。

日本全国に分布し、荒れ地、道端、田畑などにごく普通に生育する2年草。春から夏にかけて白い花と三角形の果実を付け、春の七草のひとつ。古くから貴重な薬草として庶民に愛され、江戸時代には「薺売り」という商売が成立したほど親しまれた。私も春の美味い野草トップ3に入れているほど、ナズナは葉も根も旨い。台湾で食べたナズナの小籠包はいまだに忘れられない。

ホットアイマスク

ナズナの開花期の全草を水洗い後、日干ししたものが生薬の薺菜で、民間療法では目の充血などに用いる。ナズナの煎剤にタオルを浸けて絞る。

仲間の
マメグンバイナズナと一緒に

これぞ
裏技

愛らしい軍配形の種子をスパイスに
マメグンバイナズナスパイス

ワサビの辛味成分シニグリンが含まれ、酵素ミロシンにより分解され、揮発性アリルイソチオシアネートになり、優しいワサビ味で、ツーンとするような辛味がある。

乾燥させると、揮発して辛味は消えるので、できるだけフレッシュな状態で使用。

クリームチーズにローズマリーと一緒に混ぜる。

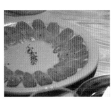

サーモンのカルパッチョにも相性が良い。

ノビル

Allium macrostemon Bunge

ヒガンバナ科ネギ属

効能　強壮・鎮静・鎮咳・生理不順・肩こり・虫刺され

北海道から沖縄までの山野、土手、道端、畦道、河川敷などに生育する多年草。全体の姿や香りはネギとニラを足したような匂い。葉は線形で、20〜30cmのものを数本出し、直立せずにくねくねと癖毛のように生える。葉は中空の筒状で、中部以上は内側が凹んだ浅い溝状となって、中空で断面が三日月形をしている。同属に韓国料理に良く用いられるヒメニラや、フィーヌゼルブに用いるチャイブ等がある。

花被片は4〜5.5mm、幅1.2〜2mm、花被片の先端に淡い紫色を集めた美しいつくり。内花被片3個、外花被片3個の6個あり、淡紫色の筋が見える。内花被片の方が外花被片よりやや小さい。花にムカゴを付けて繁殖する。このムカゴも素揚げし、様々な料理のアクセントに用いる。オススメはジビエ料理である。

葉の基部は葉鞘となっていて、縦線が入る。このように薄い外皮に何層も包まれるものを外皮鱗茎と言い、ネギ亜科の特徴と言える。

ニラやネギに似た香りは辛味成分の硫化アリルで、この刺激により食欲増進、殺菌作用、血栓予防のほか免疫力アップにもつながる。

ノビルと和牛のTボーンステーキ

野性味溢れるワイルドなノビルを堪能した
い方は、3〜5月の辛味が強いノビルを採集
し、すぐに洗い、細かく刻んでTボーンス
テーキにのせて、食べる。

ノビルと
ブルーチーズのグリル

軽く茹でたノビルを耐熱容器に入れてブ
ルーチーズをのせ、200℃のオーブンで
3〜4分焼く。白ワインで少し風味を付
けても美味。

油との相性抜群だから
ジャンルも豊富

油淋鶏

ユーリンチー
油淋鶏の鶏肉にも合う。繊細でほんのり甘味が欲し
い場合は12〜2月あたりのノビルを摘むと、辛味
は少なく、食べやすい野性ネギに変貌する。

これぞ
裏技

薬味としての
利用だけでは
もったいない

ノゲイトウ

Celosia argentea L.

ヒユ科ケイトウ属

効能　消炎・強壮

ピンク色した花穂で癒しのティータイム

熱帯アジア、インド一帯に自生する1年草。日本へは園芸種として渡来し、関東地方以西の暖地では、荒地や古い民家の石垣などに野生化しているものを良く見かける。園芸品種として「セロシア」という名称で鉢花や切り花として流通し、仏花などで親しまれている。盛んに品種改良され、近年は多くの品種が出回っている。

花の後に黒色光沢のある小さなビー玉のような種子が採れ、生薬としてはこれは青葙子として使用される。全草は青葙でこれも乾燥させ、強壮剤として民間薬で用いる。また中国最古の『神農本草経』に収録され、目の充血の消炎などに用いたとされる。

似ている植物

ケイトウ

ケイトウの仲間は数多くあり、古来、花と葉がアフリカと東南アジアで食用とされていた。私が台湾やネパールに行った時、市場でハゲイトウが野菜として販売され、驚いたものだ。

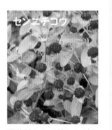
センニチコウ

園芸種として親しみがあるセンニチコウも、中国茶としてポピュラーで、千日紅茶として市場に出回る。金紅とも呼ばれ、ほのかな甘味があり、血圧を低下させる民間薬として用いられてきた。

かわいい2色の色合いがキュート
ノゲイトウの茶葉

これぞ裏技

花序が立ち上がる頃に刈り取り、乾燥させ、お茶にする。基本的に味がないので、個性的なものとのブレンドをオススメする。中国では青葙子は主として肝炎による顔面紅潮、怒りっぽいなどの症状に使用する。

ハッカ

Mentha canadensis L.

シソ科ハッカ属

| 効能 | 抗菌・消臭・鎮静・咽喉痛・整腸作用 |

日本全国に分布し、日当たりが良くてやや湿り気のある所に生育する多年草。草丈は60cmくらいで、葉は長円形で先端が尖って葉脈がくっきりと深めに入り、鋸歯の縁は鋭く尖っている。茎や葉には柔らかくて細かい毛が生え、夏〜秋にかけて、葉の付け根に、ごく淡い紫色の小花が集まって付く。英名はジャパニーズ・ミント。

万人を惹きつける魅力的なメントールの香り

スゥーとした香りの感覚がコスメに
ハッカのフェイシャルパック

小皿などにクレイとハッカパウダーを入れ、精製水を少しずつ加えながら混ぜる。洗顔した後、目や口のまわりを避けて顔全体に塗り3〜5分ほどおいて、うっすら乾き始めてきたらぬるま湯で洗い流し、化粧水で肌を整える。材料（1回分）：お好みのクレイ大さじ1、ハッカパウダー小さじ1、精製水小さじ2。

これぞ裏技

ハッカのブレスケア

ティーポットにハッカを入れ、沸騰したお湯を注ぎ、ポットのふたをし、5〜10分間蒸らし、茶漉しを使って漉し、カップに注いで冷ます。材料（カップ1杯分）：フレッシュハッカ大さじ2〜3杯程度、熱湯200ml程度。

ヒカゲヘゴ

Cyathea lepifera (J.Sm.) Copel.

ヘゴ科ヘゴ属

| 効能 | 整腸・咳止・痰切り・高血圧・糖尿病予防 |

幹を見ると、葉痕がズラリと並び、顔のような模様である。

日本最大のシダ植物は南の島の山菜

分布は九州（奄美大島以南）～沖縄、低地～山地に生育する常緑性のシダ。まるで恐竜時代を彷彿させるようなその印象は一目見たら忘れられない。葉は長さ2～3mになり、2回羽状複葉。葉柄は白～淡褐色の鳥の足みたいに長い毛状の鱗片に覆われており、トゲはない。

葉は離層を作って脱落し、跡は逆八の字の導管列があって面白い。よく似たヘゴは、枯れた葉の基部が落ちずに幹から垂れ下がる。

下処理の仕方

私の知人S氏は刺身で食べていた。基本的にコゴミのようにクセのないシダ植物だから下処理も楽だ。

塩茹でを5～10分程し、灰汁と雑味を取る。その後、ボウルに水を張りしばらく浸ける。

長い毛状の鱗片を剥ぎ取る。包丁で千切りすると、オクラみたいな粘りが出る。

これぞ裏技

山菜ならではの風味を楽しむ
ヒカゲヘゴのビビンバ

ビビンバの起源は、1800年代の朝鮮王朝から伝わったと言われており、旬の旨い野菜や薬草をナムルにしてひき肉とコチュジャンで頂く伝統食。一般的にはワラビやゼンマイのナムルを使用するが、ヒカゲヘゴのナムルを使ってみた。

ヒメミズワラビ

Ceratopteris gaudichaudii Brongn. var.
vulgaris Masuyama et Watano

ホウライシダ科ミズワラビ属

効能　皮膚科の湿布剤

田んぼや湿地に生える
希少になったシダ植物

環境が良い、水田、休耕田、水路、溜池などに生える1年草のシダ植物。従来日本産のミズワラビとされていたものは、2つに分けられ、鹿児島県以北のものはヒメミズワラビとされた。ミズワラビは沖縄県に見られるものを指すようになった。栄養葉は柔らかくしなやかで2〜4回羽状に分かれ、葉柄がミズワラビに比べて相対的に短い。胞子葉は芸術的なフォルムで長さ5〜40cm、細裂は1〜3回。秋には裏面に胞子を形成して褐色になる。この仲間はアクアリウムではウォータースプライトと呼ばれ親しまれている。

細かい泥が付いているため、流水で綺麗に洗い流し、半日ボウルに水を張って浸けておく。

ナンプラーなどで風味を付け
炒め物にも最適
ヒメミズワラビの鶏肉ソテー

「灰汁もなく柔らかいから、サラダやスープにして食べるんだ」と自信満々に東南アジアの友人が語っていたが、サラダにして食べると喉の奥がチクチクした。試行錯誤し、塩茹でして冷水にさらす過程で灰汁が抜け、食べやすい菜っ葉に変貌した。ナンプラーなどで風味を付け鶏肉のソテーなどの炒め物にも最適。

これぞ
裏技

洋風味噌汁

豆乳とブイヨンベースに少し白味噌を加えた洋風味噌汁にも相性抜群。

ニホンヤマニンジン の名で知られる

ヒュウガトウキ

Angelica tenuisecta (Makino) Makino var.
furcijuga (Kitag.) H.Ohba

セリ科シシウド属

効能　血流改善・抗糖尿病作用

海浜地や林縁の岩場等に生育する多年草。分布域は大分県と宮崎県に限られ、古来から貴重な薬草として守られてきた。近年では健康ブームから、栽培する農家が増え、様々な地域で栽培されている。茎は直立し、草丈1.8〜2.5m。葉は1〜2回3出し、羽状に複生する。花期は7〜8月でレースフラワーのような花を咲かせる。

薬用部位は根と葉で、お茶やサプリメントに。大分県や宮崎県ではヒュウガトウキ塩も親しまれている。

葉っぱだけじゃなく
種子まで頂く

ヒュウガトウキの
種子を使ったトマトソース

これぞ
裏技

ヒュウガトウキの種子は、セロリシードのような芳香がある。これをパスタやカレーなどホールスパイスとして私は使う。このトマトソースにもテンパリングしてヒュウガトウキの芳香を覗かせた。

ミツバ

Cryptotaenia canadensis (L.) DC.
subsp. *japonica* (Hassk.) Hand.-Mazz.

セリ科ミツバ属

効能　抗酸化作用・食欲増進・
疲労回復・消炎作用・解毒作用

花は誰も見向きもしないが、とても愛らしい白い桜のような花を咲かせる。白色まれに淡紅紫色で直径約2mm。花弁は5個。雄しべ5個。雌しべ1個。

日本全国の林内の日陰に生育する多年草。草丈30〜60cmで茎は直立し、分枝する。葉は3小葉からなり、互生。江戸時代に東京の葛飾で栽培が行われるようになり、それが全国に広まった。生薬では全草を陰干しにしたものを鴨児芹（オウジキン）と呼び、消炎や解毒に用いられた。品種として小葉が複雑に深く切れ込むウシミツバや、真ん中の小葉が3つに分かれるハニヤミツバがあり、いつか見てみたいものである。

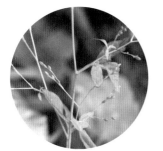

ミツバを放置しておくと、しっかり種子も付けてくれる。果実は長さ4〜6mmの線状楕円形、淡色の縦線があり、2分果となり、それぞれに1種子が入る。

暮らしに欠かせない薬味の種子まで食べる

万能薬味だから種子まで食べつくす
ミツバシードのグラニテ

これぞ
裏技

この種子を熟した時に集め、陰干ししたものは立派なスパイスになる。ミツバの精油成分、ミルセン、β-セリネン、α-セリネンが凝縮している。これを肉料理に切り替える前のグラニテなどにのせると新たなフードペアリングを生み出す。

メドハギ

Lespedeza cuneata (Dum.Cours.)
G.Don var. *cuneata*

マメ科ハギ属

効能　血圧降下・鎮咳・去痰

日本全国の痩せ地に生育する。中国や朝鮮半島など東亜に広く分布している。葉は3つの小葉からなり、このグループは頂小葉が最も大きい。茎は丈夫でやや木化し、古くは高級すだれなどにも利用された。同じような環境に生えているもので、地を這うように茂り、旗弁全体と花弁の先が紫色になり、蕾が紫色に見えるハイメドハギや、まれにシベリアメドハギなどもある。

野にあふれる意外なお宝の素朴な活かし方

花は葉腋に2～4個ずつ集まって付く。淡い黄白色で蝶々のような形状で、旗弁に紅紫色の絞り模様を付ける。

全草を夜関門と呼び、9～10月に採集した新鮮なものか、日干しを用いる。

まるで紅茶のような味わい
メドハギ茶

メドハギのお茶は、韓国の美容ブームと共に健康茶として注目されており、夜関門茶として市場に出回る。ポリフェノールの一種のフラボノイドを多く含んでおり、咳を抑えたり、風邪、気管支炎などに用いる。

これぞ
裏技

茶粥
メドハギのお茶を茶粥にして味わうのもオススメ。

メマツヨイグサ

Oenothera biennis L.

アカバナ科マツヨイグサ属

効能	鎮静・消化器系疾患の改善・血圧降下・月経前症候群の緩和・保湿美肌作用

日本全国の道端、空き地、河原に生育する多年草。北アメリカ原産で日本には帰化植物として入ってきている。美しい見た目から、もともとは園芸植物として親しまれていたのであろう。ハーブの世界ではイブニングプリムローズとも呼ばれ、若葉や花が食べられる。ハーブとしても栽培され、原産地のアメリカでは根を乾燥させて冬の保存食に用いた。

冬は地べたに張りつくように葉を広げ、寒くなるにつれ、赤みが強くなる。

全草が食用になる優秀な野草

ギリシャ語の属名(オエノテラ)は野獣の酒という意味で、この根にワインの芳香がありそれを野獣が好んで食べるという言い伝えがある。片っ端から根の香りをクンクン嗅いで回り、ようやく出逢えたワインの香り。

メマツヨイグサの種子より絞られた油は月見草オイルとして、美容業界では重宝されている。γ-リノレン酸やポリフェノールを含む。

これぞ裏技

野性味をアクセントにするなら皮付きで
メマツヨイグサの根のスープ

根は皮を剥き、芯が通るまで下茹でし、冷水にとり、それをペースト状にする。鍋に水とペーストを入れてかき混ぜながら中火で熱し、牛乳を入れて味が馴染むまで弱火で5分程煮たら火から下ろす。味付けはコンソメ。皮付きならより野性味が増す。

ヤブマメ

Amphicarpaea bracteata (L.)
Fernald subsp. *edgeworthii* (Benth.)
H.Ohashi var. *japonica* (Oliv.)
H.Ohashi

マメ科ヤブマメ属

効能　　不明

北海道から九州の林縁や草原などに生育する蔓性の1年生草本。茎、葉柄にやや開出ぎみの黄金の毛が生え、葉は3小葉で両面に毛がある。花は短い総状花序に密集して付く。花冠は長さ1.5〜2cm、白色で、旗弁が淡紫色。総状花序とは別に短い柄に閉鎖花を付け、豆果はほとんど閉鎖花からできる。

花期は9〜10月。花は、1.5〜2cmの蝶形花、旗弁が淡紫で他は白色。

地上豆

花の後の豆果には種子が3個から5個できるが地下豆より小さい。

地下豆

マーブル模様がとても美しい。一生懸命掘り起こし、皮を一枚剥くとこの美しさ、まさに地下に眠る宝石。アイヌの人たちは「アハ」と呼び、蔓を目印に根を掘り起こし、シタップという「踏みすき」で採取する。薄皮を剥いたものを茹でたり、米と炊いて食べたり、スープにもする。米やひえと炊いたものはチサッスィエプと呼び、儀式の供物とし、神事に用いる。

水炊きスープの
リゾット

ソラマメに似た味わいは、何に
でも使用でき、特に水炊き鍋の
出汁でリゾット風にヤブマメを
加えて食べるのが私は好きだ。

調味料を工夫するとタイ料理にも
ヤブマメとモヤシのナンプラー炒め

掘り起こした豆をひと皮剥き、簡
単に灰汁抜きしてからゴマ油でモ
ヤシとヤブマメを炒め、ナンプ
ラーなどで味付けしたら完成。

これぞ
裏技

モヤシは手早く炒めるのが
ポイント。

ほんのり甘く、ねっ
とりとした豆の食感
にモヤシのしゃきし
ゃき感が美味しい。

ヤブツルアズキ

Vigna angularis (Willd.) Ohwi et H.Ohashi
var. *nipponensis* (Ohwi) Ohwi et H.Ohashi

マメ科ササゲ属

効能　**抗酸化作用・解毒・利尿**

本州～九州の草地や河川敷に生える蔓性1年草。茎や葉に黄褐色の毛があり、触るとざらつく。葉は3小葉で、小葉は長さ3～10cm、幅2～8cmの狭卵形～卵形で浅く3裂するものもある。花は目立つ黄色で長さ1.5～1.8cm。

アイピロー

アズキ150gにナズナ、ヨモギのドライ30gを入れ、500wのレンジで30秒。アズキ類は空気中の湿気を吸収し、レンジでも乾燥しづらい利点がある。

2個が合着して筒状になった竜骨弁はうねってねじるのが特徴的。豆果は長さ4～9cmの線形で無毛。花期は8～10月。アズキはヤブツルアズキを品種改良したものと言われる。

豆果は細く長い円筒形で、中には10個くらいの種子が入っている。一般的なアズキに比べるとかなり小粒で可愛い。

姿も形も味も小豆のミニ版

小豆に倣って作ってみた
ヤブツルアズキの外郎

これぞ
裏技

材料全てをボウルに入れて泡立て器などでかき混ぜ、型に流し入れ、600wのレンジで5分から5分半加熱したら完成。粗熱が取れたら、冷蔵庫で冷やす。材料：茹でヤブツルアズキ190g、上新粉50g、薄力粉50g、砂糖50g、水250mℓ。

ヤブラン

Liriope muscari (Decne.) L. H. Bailey

キジカクシ科ヤブラン属

効能　**滋養強壮・鎮咳去痰**

本州、四国及び九州の里山の日陰などに生育する常緑性多年草。斑入りのタイプや、庭においては寄せ植えのほか、高木の下など日陰になる場所のグランドカバーとして使われている。近年では「サマームスカリ」や「リリオペ」といった流通名で販売されることがある。

リリオペの名で知られ
根は生薬の土麦冬

ひときわ目立つムラサキ色の花が薮に咲き、蘭のような葉をもつことからヤブランと命名された。古名はヤマスゲ（山菅）と言い、その名は万葉集にも登場するほど古くから日本人に親しまれている。

生薬では根の膨大部を土麦冬と呼び、滋養強壮、鎮咳去痰に用いる。生薬の麦門冬の代用品とされることがある。ちなみにヤブラン→土麦冬、ジャノヒゲ→麦門冬。

ナガバジャノヒゲ
ヤブラン

12月ごろに黒い実をつける。毒性はない。

甘いけれど喉に効く
ヤブランのミルクあめ

これぞ
裏技

ヤブランの根の肥大した部分の筋を取り除き、ミキサーに入れ細かくペースト状にする。それに下記の材料を加え水分を飛ばしたら、容器に移し、キッチンバサミで分けて形を整えたら完成。材料:ヤブランの根100g、牛乳100mℓ、甜菜糖100g、水あめ40g、シナモンパウダー適量。

ヨモギ

Artemisia indica Willd. var.
maximowiczii (Nakai) H.Hara

キク科ヨモギ属

効能　増血作用・利尿作用・
　　　冷え性改善・月経痛

本州〜九州、沖縄、小笠原、朝鮮半島に分布する多年草。正式名はカズザキヨモギ。いわゆるヨモギと言えばこれを指し、古来から草団子やヨモギ風呂は本種が利用されてきた。草丈50〜120cmで地下茎を伸ばし、群生し、茎は紫色を帯びることが多く、白い綿毛が密生する。茎の上部の葉は披針形、全縁または数個の切れ込みがある。茎の中部以下の葉は羽状に深く分裂し、裂片には不規則な鋸歯がある。葉の基部にある托葉のような裂片は、仮托葉と呼ばれる。

ヨモギの花は非常に地味だが、よく見ると愛嬌がある。頭花は直径約1.5mm、長さ約3mmの長楕円状鐘形。中心部に両性花、まわりにヒモ状の雌花があり、どちらも結実する。総苞片は4列に並び、縁は乾膜質、外片は短い。花期は9〜10月。

ヨモギの葉の裏を見ると、びっしりと白い細かい毛が生えており、これを顕微鏡やルーペで見ると、1本の毛は途中でT字状（T字毛）の2つに分かれていることが分かる。これは乾燥に耐えたり、虫からの食害を防いだりしていると考えられている。草餅にすると粘りがでて、餅とも良く混ざる事も、この特殊な綿毛のお陰かもしれない。

名の由来は様々で、①綿毛や繊維を灸に用いる事からヨモキ（善燃草）の意味。②ヨモキ（善萌草）で良く萌え出る草の意味、つまり萌えとは繁殖するを意味する。③四方に大きく茂るのでヨモギ（四方草）の意味がある。

冬場のヨモギは葉を紅葉のように赤く染める。初夏の青々とした姿とのギャップに驚かされる。

モグサのお灸

鍼灸のお灸に用いるのも、ヨモギの綿毛である。あのなかなか燃えきらない燃え方にも、ヨモギの毛の性質が大きく関わっており、綿毛にはロウ成分が含まれ、ロウソクの芯もなかなか燃えない事と同じ原理で、じわじわと燃えることもヨモギの綿毛の成分が関与していたのである。

ヨモギのタルタルソース

小さいボウルに茹で卵を入れ、フォークなどで潰し、その他の材料を全て加え、混ぜ合わせたら完成。材料（1〜2人分）：茹で卵2個、タマネギ1/4個、マヨネーズ大さじ3、酢大さじ1、三温糖小さじ1、塩コショウ少々、乾燥ヨモギの粉末適量。

さわやかな香りを活かして
意外なスイーツに

ヨモギの葉の
チョコレートコーティング

これぞ
裏技

5〜7月ぐらいのしっかりとした、ヨモギの葉を摘み、香りが飛ばないように陰干しする。それを湯煎して溶かしたチョコレートでコーティングし、冷蔵庫で冷やしたら完成。ヨモギのさわやかな香りと苦味がチョコレートにマッチする。

1 なるべく平らにしたいので、何か重しをのせてもよい。

2 薄く、均等にチョコレートをコーティング。

3 ヨモギの様々な形状が非常にアーティスティック。

ヤマトキホコリ

Elatostema laetevirens Makino

イラクサ科ウバミソウ属

効能　不明

日本全土に分布し、山地の陰湿地や沢沿いなどに生育する多年草。近年は旬の野菜としても栽培もされ、山菜のウワバミソウのアカミズに対して、流通名アオミズナとかアオミズとも呼ばれる。標準和名アオミズが別種にあり(P.57参照)、非常によく間違えられている。茎は艶やかで緑色、断面は丸く無毛。葉は2列に互生し、黄緑色、長さ3〜10cmのゆがんだ長楕円形で、縁に鋸歯があり先が尖る。似たトキホコリは茎に毛がある。

根ごと引っこ抜いてしまうと翌年以降採れなくなってしまうので、地上から1〜2cmの所を折る。

みずみずしい
食感がたまらない
希少な山菜

これぞ
裏技

シャキシャキ感を味わうなら
ヤマトキホコリの生春巻き

春から夏の若い茎葉を摘み、水洗いし、フレッシュのままニンジンやダイコンなどと一緒に使用する。特有のシャキシャキ感とさわやかな香りがやみつきになる一品。

レモンエゴマ

Perilla citriodora (Makino) Nakai

シソ科シソ属

効能　殺菌作用・股部白癬

本州、四国、九州に分布し、山野の林縁の開けた場所に生育する1年草。葉からレモンバーム（P.135参照）のような香りがする。交雑もあり、香りの弱いものもある。一般的なエゴマに比べ、全体に紫色を帯びることが多く、茎の中部以下に下向きの短毛が密生する。和名レモンエゴマは牧野富太郎博士による命名で、タイプ標本は、牧野博士が高尾山で採集したものとされている。

レモンのような香りとエゴマに似た草姿

本種の葉に含まれる精油は水蒸気蒸留によって抽出され、レモン油と称して香料とされていた。レモンのような香りの主成分はシトラール。

これぞ
裏技

タイ料理風に葉っぱの風味を味わう
レモンエゴマのミャンカム

「ミャンカム」とはハイゴショウの葉に小さくカットした様々な食材を包んで頂く、タイのソウルフードである。このミャンカムにハイゴショウの代わりにレモンエゴマの葉が合い、私は甘酸っぱく味付けした蒸し鶏とタマネギを細かくし、のせて食べる。

ワセオバナ

Saccharum spontaneum L. var. *arenicola* (Ohwi) Ohwi

イネ科ワセオバナ属

効能　　不明

見た目はススキそっくり
甘さはまるでサトウキビ

銀色に輝く小穂はいつ見ても、美しい。これほど、風が似合う野草はあるだろうか。

本州、沖縄の海岸近くの砂地に生育する多年草。草丈は70～130cmになり、桿は叢生し、葉は線形でススキのように硬く、縁は鋭い鉤状になる。8～9月ごろ、桿頂に円錐花序を出し、基部に白い綿毛がある小穂を付ける。根茎や茎を噛むとほんのりと甘味がある。いわゆる和製サトウキビである。私の大好きなイネ科のひとつで自宅でも栽培している。

イネ科だから
乾燥させた茎や葉っぱをお茶に
ワセオバナのお茶

ワセオバナの茎葉を刈り取り、天日で干して、お茶で頂く。風味や繊細な味わいを楽しんで欲しいので浸剤をオススメする。

これぞ
裏技

乾燥させた葉は、薬湯はもちろん、粉末にしてクッキーやスイーツに加えて楽しむ。

キノコ&海藻編

知っておきたい美味しいキノコや海藻

クリタケ

Hypholoma lateritium (Schaeff.) P. Kumm.

モエギタケ科ニガクリタケ属

効能　不明

秋から晩秋に広葉樹、特にクリ、コナラ、ナラ類のブナ科の切り株や倒木などの上に発生する。

傘は愛らしい茶褐色〜レンガ色で3〜8cm、ヒダは胞子の成熟に伴って黄白色のち紫褐色に変化する。表面はしっとりとしており、滑り気が少しある。成長過程では皮膜の破れた鱗片がついているがやがてなくなる。柄の長さは5〜10cmで色は上部は黄白色、根元に近づくにつれて色が濃くなり、太さはほぼ一定だが基部はやや細くなっている。

昔から食用として知られ
クセがなく人気のキノコ

和名の由来は、傘が栗色をしているからの命名と推測されている。またクリの木に良く発生していることからも。栄養価が高く、免疫活性化作用の強いキシロビオースやビタミンDの前駆体であるエルゴステロールなどの成分を多く含むことが報告されている。

これぞ
裏技

歯ごたえ良し、風味良し
レシピのバリエーションも豊富
クリタケのスープ

シャキシャキとした歯ごたえがあり、風味が良く、出汁がでる。クリタケのスープはクリタケのみの出汁汁で、溶き卵を加え、葛でとろみをつけ、塩で味を整える。

タマゴタケ

Amanita caesareoides Lj.N. Vassiljev

テングタケ科テングタケ属

効能　不明

夏から秋にかけて、広葉樹のブナ科、カバノキ科や針葉樹のマツ科の林内、あるいはこれらの混生林に孤生ないし群生する。海外では中国、ロシアなどにも分布しているそうで、キノコ好きのみならず、このインパクトのある愛らしいフォルムは老若男女幅広い層をキノコの世界に誘う。傘の直径は6~18cm、傘の色は赤から赤橙色、傘の形は、最初は卵型でやがて饅頭型になり、最終的には中央部分に少し出っ張りのある平らな形に変形する。また成長過程で縁の付近にはハッキリとした美しい条線が現れる。

キノコといえばこのフォルム
愛らしくて上品な味わい

卵が割れて黄身が顔を出すような芽生え。

キノコは生では基本的に分解酵素もあり食用にされない。シイタケも生だと中毒するものもあるぐらいだ。しかし、タマゴタケはマッシュルームのようにヨーロッパなどではカルパッチョなどにして食べる。

歯切れの良い食感を楽しむ
タマゴタケの茶碗蒸し

蒸し器にお湯を沸かしておく。タマゴタケは石づきを取らず、薄切りに。ボウルに卵を割り入れて溶きほぐし、水、白出汁を入れて混ぜ合わせ、茶漉しで漉し、泡立たないように混ぜて器に入れ、アルミホイルでそれぞれふたをし、強火で5分程、弱火にして20分程蒸す。材料：タマゴタケ25g、卵1個、水150mℓ、白出汁大さじ1、三つ葉2g。

郡上市のキノコハンター水田さんは生のタマゴタケを手際よくナイフでスライスし、食べさせてくれた。臭みは全くなく、歯切れが良いマッシュルームのような食感で美味だった。色彩も美しいし、ヨーロッパ諸国では「カエサルのキノコ」として親しまれていることが良く分かった。

トキイロラッパタケ

Cantharellus lutescens (Pers.) Fr.

アンズタケ科アンズタケ属

効能　不明

日本全土のマツ林の地上などに発生する。別名アカラッパタケとも呼び、アンズタケ科の愛らしいキノコである。傘の直径は1〜3cmで、表面は色の変化が多く、トキ色〜淡紅色〜淡橙色〜黄白色〜白色で非常に妖艶。柄は長さ1.5〜4.5cm、幅2〜6mm、下部が次第に細くなり、質はしまり、中空、傘より濃色、シワが入る。

トランペットのようなユニークなフォルム

水分が少なく、腐りにくいキノコなので、乾燥させて長期間保存が可能である。

鍋や煮込みに合う
トキイロラッパタケの水炊き鍋

材料は食べやすい大きさに切る。鍋に手羽元、ショウガ、水、酒、塩を入れ、中火で熱する。煮立ったら灰汁を取り、ふたをして弱火で20分煮る。鶏肉を加え、再び煮立ったら灰汁を取り、ふたをして7〜8分煮る。その他の材料も加える。材料（2〜3人分）：手羽元4本、鶏もも肉1枚、白菜300g、長ネギ1本、トキイロラッパタケ100g。

これぞ裏技

上記の水炊きスープの材料はショウガ4枚、水800mℓ、酒大さじ2、塩小さじ1/2。

ナラタケ

Armillaria mellea (Vahl) P. Kumm.
subsp. *nipponica* J.Y. Cha & Igarashi

タマバリタケ科ナラタケ属

| 効能 | 不明 |

世界中に分布し、針葉樹や広葉樹の枯れ木や切り株などに群生または束生。傘の直径が4〜15cmで色は淡褐色〜茶褐色で表面の外側には条線が見られ、形は幼菌時には中央がやや高い饅頭型。ヒダは柄に垂生しており、全体的にやや離れてヒダが並んでいる。柄は長さが4〜15cmとやや長い。上部には淡い黄色をしたツバがあり、柄の太さは上部から下部までほとんど同じか根元に近づくほど太くなっているかのどちらか。基部は上部より色が濃い。

ナラタケは枯れている樹木だけでなく、生きている樹木の根に寄生して樹木を枯れさせることもあるので一部では害菌とされている。この特徴から食用として栽培するにはデメリットが多いため、人工栽培はあまり積極的ではない。

生食は禁物だが加熱すると美味しい出汁が…

コクのある味わいを活かして洋食に
ナラタケのピラフ

これぞ
裏技

フライパンにオリーブオイルでタマネギ、ベーコン等を炒める。タマネギが透明になったら、ナラタケも入れて塩、コショウ。そこに炊いた白米を加えて馴染ませ、鶏ガラスープを適量加えたら完成。ナラタケは全体的に白色で少し渋みがあるが味は良く、オイルとの相性、風味が良い。

淡いパープルカラーで傘の滑りがポイント

ムラサキアブラシメジモドキ

Cortinarius salor Fr.

フウセンタケ科フウセンタケ属

効能　不明

ヒダは紫褐色でやや疎につき、直生〜上生、
淡紫色、後にニッケイ色〜さび褐色。

コナラ、ミズナラ、ブナなどとのアカマツ混生林内の地上に発生し、分布は日本、ニューギニア、ロシア、ヨーロッパ等。きのこ自体は小柄だが、その色は非常に美しい紫色で薄暗い林内でも比較的目に付きやすい。この色は傘が開ききらない時の方が濃い。表面は艶っぽく、滑りがある。柄は傘とほぼ同色かやや淡色で根元は褐色を帯びる。柄の上部に糸くず状のつばをもち、それより下部には全体に強い滑りがある。

石づきも刻んでしっかり頂く。

風味にクセはないが肉質がもろいの
で、下処理は丁寧に。優しく洗って
汚れを落とし、なるべくその日のう
ちに調理することをオススメする。

バターで風味を出して味わう

ムラサキアブラ
シメジモドキのソテー

新鮮なキノコはそのままソテーに。
材料：ムラサキアブラシメジモド
キ小粒8〜10本、バター1g、醤
油小さじ1杯、赤ワイン大さじ1
杯、クミンシード適量。

これぞ
裏技

フライパンにバターをひき、中
火でムラサキアブラシメジモド
キとギシギシ等の野草を一緒に
炒める。

醤油とワインをかけて味を馴染
ませる。

お好みでクミンシードを軽く使
用すると美味。写真ではセイタ
カアワダチソウの花をトッピン
グした。

ヤマドリタケモドキ

Boletus reticulatus Schaeff.

イグチ科ヤマドリタケ属

効能	生活習慣病予防・ 抗がん作用

ヨーロッパや日本などの北半球の広い範囲に分布し、ブナ科の広葉樹の林の中や、マツなどの針葉樹との混生林の地上に発生する。温かく湿度の高い場所を好み、特にフランス南西部では親しみがある美味いキノコだ。イタリア語で子豚を意味するporcino（ポルチーノ）と呼ばれ、数々の美食家をうならせるポルチーニと言われるものがヤマドリタケであり、それに対しヤマドリタケモドキはその近縁になる。私は本種の方が、食感や香りが好きで季節になると調理している。傘は丸く、直径は6〜20cm近くで、時にひび割れると中に白い面が見える。また、特有のアミのような模様が現れる。

フランス南西部ではおなじみ美食家をうならせるキノコ

ご飯との相性も抜群！
ヤマドリタケモドキの
ジャンバラヤ

これぞ
裏技

米を軽く洗って、水を米の量で調整し、ヤマドリタケモドキ、醤油、バターを加えて味を調え、炊き込みご飯モードで炊く。材料：ヤマドリタケモドキ（乾燥）大さじ2、ニンジン、米3合、醤油適量、バター適量。

アラメ

Eisenia bicyclis (Kjellman) Setchell

コンブ科アラメ属

効能　生活習慣病予防・抗酸化作用

茎から二叉分岐した
独特のフォルムで知られ
ワカメやヒジキと並ぶ
ポピュラーな海藻

岩手県以南の太平洋岸、瀬戸内海、日本海中南部の低潮線付近から漸深帯の岩の上などに生息。一年目には笹の葉状の藻体で、表面にはシワがあり、やがてベルト状の藻体が多数出て、秋には消失。二年目からは本種特有の茎の先が分枝する。葉は暗褐色、乾燥すると黒色、革質でふつうシワがある。葉と茎には粘液腔道があり、胞子体の成長期は春から初夏にかけてである。昆布のような旨味成分があり、様々な料理にアレンジできる。

新しいアラメの食し方
アラメのホットカクテル

これぞ
裏技

グラスに焼酎5対湯5で割り、乾燥アラメを加える。時間が経つほど旨み成分のグルタミン酸が染み出し、スープのようなホットカクテルが出来上がる。最後にスダチを絞ったら完成。

アラメの
ハーバルバス

海藻特有の粘り成分が溶け出し、湯をねっとりした状態にする水溶性粘性多糖類には、皮膚表面をなめらかにしたり、皮膚の炎症を抑える働きがある。乾燥させたアラメを細かく刻み、同量の塩とともに麻袋に入れ薬湯にする。

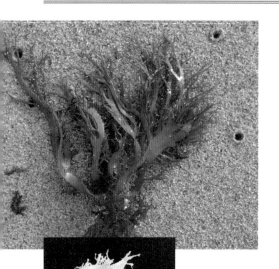

トサカノリ

Meristotheca papulosa (Montagne) J. Agardh

ミリン科トサカノリ属

効能　代謝促進・免疫力強化

太平洋沿岸中部〜南部、瀬戸内海、九州のやや深い場所に生息。柔らかい扁平膜質の葉状体で、非常に美しい赤紅色を呈する。葉体は膜状であるが、やや厚く、肉のようにぷりぷりで多肉質。枝はやや不規則に叉状分枝し、枝の先端の枝分かれした形が、鶏の鶏冠のように見えることが和名の由来。老成すると体の表面にこぶのようなでこぼこがたくさんできる。藻体の高さ20〜30cm。古来から刺身のつまなどで食用とされてきた。

生鮮時の藻体は紅色だが、熱湯を通せばフィコビリン系の赤い色素が変成し、葉緑素が残って緑色となる。さらにこれを水にさらせば、全ての色素が溶出して白くなる。つまり、ひとつのトサカノリから色素の化学変化により、これだけのバラエティーを作り上げることができる。これらを乾燥させたカラフルな海藻サラダがスーパーなどで販売されている。

まるで鶏の鶏冠（とさか）のような派手な色合いとぷりぷりの食感に驚き

乾燥藻体が意外なものに変身
トサカノリのヘアトリートメント

これぞ
裏技

乾燥トサカノリをミルサーで粉末にし、ハイビスカスパウダーと同量の分量でボウルに入れて、精製水を少しずつ加えとろみが出て来たら完成。髪に付け、10〜15分したら優しく洗い流す。

ホンダワラ

Sargassum fulvellum (Turner) C.Agardh

ホンダワラ科ホンダワラ属

| 効能 | コレステロール低下作用・血糖調節作用・整腸作用・降血圧作用 |

温帯域〜熱帯域の海域原産で、潮間帯に群生。10数mにも及ぶ体は、根、茎、葉から構成され、全体的に茶褐色をしている。乾燥させると藻色は、茶褐色から美しい鮮緑色に変わる。葉には切れ込みがあり、果実のような楕円形をした気泡があり、中に気体が入っているので体全体が上方に向かっている。古来は一般的な海藻であったが、近年はウニなどの食害や夏の高温化の影響で激減している。まれに打ち上げられた美しいホンダワラを見ると本当に嬉しい気持ちになる。

ホンダワラの古名は神馬藻。神功皇后が三韓征伐のために九州から渡航する時馬のエサが不足し、その時海人族の勧めでホンダワラを用いた事から、神功皇后の率いる神の馬の食べる藻＝神馬藻とされた。

マグネシウムや食物繊維を含む
ホンダワラの藻塩

これぞ裏技

バケツに海水を入れ、ホンダワラを浸し、水を切って乾燥させる作業を2〜3日繰り返す。旨味がたっぷり溶け込んだ海水ができ、さらにホンダワラを乾燥させて焼き、その炭灰を海水と混ぜ合わせる。これにかん水を少しずつ入れながら水分を蒸発させ、それを繰り返す。結晶ができ始めたら完成。

ポピュラーな海藻の古式ゆかしい使い方に注目

ミリン

Solieria robusta (Greville) Kylin

ミリン科ミリン属

効能　不明

西南諸島に生息する。体はスケルトンで寒天のような質感。若い藻体では円柱状で、老成した藻体ではやや扁平な円柱状となりぶよぶよしている。皮層は外側の小型細胞と内側の大形細胞からなり髄部は粘液に満たされており、粘液中にゆるく配列した糸状細胞が観察される。熊本県上天草では「あかみる」と呼び、古くから食用海藻として親しんでいた。基本的に臭みはなく、さっと湯通ししたものを杏仁豆腐のシロップに入れて食べると美味。

まるで寒天のような質感
上天草では"あかみる"と
呼ばれ食用に

繊細で弱い海藻だから料理に合わせて調整
ミリンのテリーヌ

生では数時間しか状態を保てないため、収穫してすぐに塩蔵の処理を行うことがポイント。プチっとした食感でジュルっとしたとろみがあり、その食感のバランスは、使う料理に合わせて調整することができる。テリーヌを作る場合は、ミリンを茹でてノリ状にし、イラブー（エラブウミヘビ）の出汁汁を加えて冷やし固めたら完成。トッピングはキャビアで。ミリンのゼリー質の食感とキャビアの粒感のハーモニーが素晴らしい。

これぞ裏技

ユナ

Chondria crassicaulis Harvey

フジマツモ科ヤナギノリ属

効能　不明

北海道東岸を除く日本各地に生息し、潮間帯下の岩礁に付着している紅藻。体は円柱状あるいは平らで、滑りのある多肉質。付着器から叢生し、小枝の先端に卵形の小さな粒がついていることがある。これは栄養繁殖する胚芽枝で、体から外れると成長して新しい個体となる。

岩場の波の
まにまにゆらゆら
滑りがあって多肉な海藻

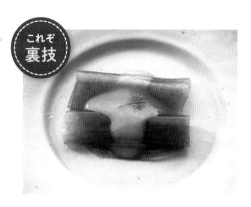

ユナの由来・語源 としては「油」、すなわち石油の臭いがするためと言われ、ユナを触った手を嗅ぐと、なんとも言えない独特な臭いがして強く印象に残る。

水分の多さから郷土料理にトライ
ユナのおきゅうと

水とユナを鍋に入れ酢を加え混ぜる。（酢を入れると繊維が切れやすくなるため）、30〜40分弱火で煮てとろみを出す。ヘラで鍋底を混ぜ、ある程度のとろみができたら火からおろし、バットやタッパなどに流し入れ、粗熱が取れたら冷蔵庫で冷やして完成。材料：ユナ（乾燥）50g、水1ℓ、酢適量。

これぞ
裏技

西洋ハーブに似ている
日本で見られる野生植物

シナモンやカルダモンに似た野生植物が山野に

　私は日本中を歩き回り、数多くの日本に産するハーブやスパイスに出逢ってきた。日本に自生する豊かな野生植物を主要なハーブやスパイスと比較してみたが、非常に面白いことが判明した。シナモンやカルダモン、そしてローズマリーやタイムなど、野草とは無縁なイメージではあるが、似ている野草と比較してみると共通点やお互いの良き個性がはっきりとわかった。

科属が同じ、あるいは主成分が似ている

　いわゆるハーブやスパイスと言われる植物たちは、身近にある野草とはまったくの別物と思われがちである。野草と比較して、ハーブは都会的でオシャレなイメージだったり、香りが刺激的で一度香ると印象に残る、そんなイメージがあるかと思う。しかし、日本に自生する野生植物もそれに引けを取らず、素晴らしい植物が数多く点在し、海外のハーブと同じグループ（科や属）で、比較すると近縁関係だったり、まったくの別グループでありながら主成分に共通点があるものもある。ここでは野草をより身近に感じていただくために、西洋ハーブに似ている日本で見られる野生植物を比較してみた。

アニスヒソップ
シソ科カワミドリ属

アメリカ先住民はこれを咳止めの薬として使用したり、悪夢をみないためのおまじないとしてアニスヒソップの香りを用いていた。セリ科のアニスに似た精油成分、メチルシャビコール、アニスアルデヒド等が含まれており、アロマテラピーで親しまれている。

カワミドリ
シソ科カワミドリ属

生薬では土藿香（ドカッコウ）と言い、民間薬として解熱、鎮痛薬として頭痛に重宝されてきた。同属のアニスヒソップ同様の精油成分で、さわやかな芳香の中にシナモンのようなエッセンスがプラスされている。見た目も美しく、香りも個性的で私の一押し野草。

チャイブ
ヒガンバナ科ネギ属

フランス名はシブレットと呼ばれ、卵との相性も良く、オムレツの具や飾りにも使われる。また伝統的なハーブミックス「フィーヌ・ゼルブ」に欠かせない材料のひとつであり、ヨーロッパでは親しみがあるネギ属のハーブ。ノビルやアサツキよりもかなり繊細な芳香成分（硫化アリル）でフレンチには欠かせない。

アサツキ
ヒガンバナ科ネギ属

アサツキはチャイブの変種。平安時代の延喜式にも記録があり、3月3日の節句では浅葱膾を雛祭の膳に供えるという習慣が今もある。チャイブよりも、ほんのり辛味が強いが、これはこれで個性を活かした活用ができる。ちなみにこれよりさらに辛味を増したものがノビル（P100参照）である。

ローリエ
クスノキ科ゲッケイジュ属

乾燥した葉は香辛料ローリエとして、煮込み（ポトフ、シチュー）料理等の香味付けに用いる。また薬用としても葉や実は利用され、果実を搾って得られるローレルオイルは主に石鹸の原料として使われる。精油成分はシネオール、オイゲノール、ゲラニオール、ピネン、テルピネン、セスキペルテンなどである。

ケクロモジ
クスノキ科クロモジ属

クロモジの近縁で本州中部地方の一部、四国、九州に分布する。クロモジよりも、よりスパイシーな芳香はローリエのように煮込み料理やジビエ料理などと相性が良く、ローリエ同様に精油成分はシネオール、ゲラニオールを含む。P31参照

レモングラス
イネ科オガルカヤ属

エスニック料理には欠かせないハーブの代表で、世界の三大スープと言われるトムヤムクンに利用する。また中国では香茅と呼ばれ、頭痛、喉の痛みなどの治療に用いられてきた。日本で良く栽培されているものは、西インドレモングラスが一般的で、茎が赤い東インドレモングラスなどもある。

オガルカヤ
イネ科オガルカヤ属

意外と知られていないが、日本にもレモングラスの近縁の植物がある。あまりに地味で気付かれはしないが、葉というより花を揉むとしっかりとシトラールの芳香がある。レモングラスの爽快な芳香とはまた違い、非常に印象的な芳香が魅力的である。P68参照

シトロネラグラス
イネ科オガルカヤ属

セイロンタイプとジャワタイプがあり、セイロンタイプはフローラルな香りで、食品フレーバーに用いる。ジャワタイプは精油成分シトロネラールの含有量が高い。和名はコウスイガヤ。乾燥葉でシトロネラオイルを抽出。

アオモジ
クスノキ科ハマビワ属

台湾原住民タイヤル族の言葉で「馬告」と呼ばれ、果実はスパイスに。果実からの精油の抽出率は3〜5%ほどで、その70〜85%はシトラール。シトラールは強いレモンのような香りがし、抗菌作用に優れている。

セイロンニッケイ
クスノキ科ニッケイ属

スリランカ原産で内樹皮は香辛料のシナモンを作り出す。中国からエジプトに輸出され、ファラオや神官たちが使う、極めて貴重な品であった。シナモン特有の芳香成分としてシンナムアルデヒドを主成分とする精油を含む。

オキナワニッケイ
クスノキ科ニッケイ属

沖縄本島北部地域に自生するシナモン。カラキとも呼ばれ木の根を使ったカラキ酒が古くから親しまれてきた。私の中でナンバーワンのシナモン。共通精油成分にシンナムアルデヒド、オイゲノールを含む。P20参照

コモンタイム
シソ科イブキジャコウソウ属

一般にタイムと呼ばれる代表種で株全体に芳香があり、加熱しても香りが残るので、肉や魚料理、煮込み料理のブーケガルニに重宝する。茎葉に含まれる精油成分チモールは強い抗菌性、抗酸化作用もあり、感染症に用いる。

イブキジャコウソウ
シソ科イブキジャコウソウ属

和製タイムこと、イブキジャコウソウ。写真は私が北岳に登山し、山頂付近で撮影した。市販のイブキジャコウソウより花冠は紅紫色で長い。コモンタイムに比べかなりスパイシーな印象。チモールを豊富に含む。

バレリアン
スイカズラ科カノコソウ属

根は世界各地で薬用に用いられ、米国ではサプリメントや浸剤、あるいは乾燥エキスのカプセル剤や錠剤の形で用いられている。バレリアンの特徴的な香りはイソ吉草酸、これは足の裏の臭いと同じ芳香成分である。

カノコソウ
スイカズラ科カノコソウ属

北海道から九州の山地のやや湿った草地に生育する和製バレリアン。生薬としては吉草根(きっそうこん)とされ、鎮静薬となり、ヒステリー、神経過敏、心臓神経症等に用いる。現行の日本薬局方にも収載される繁用生薬。

ラズベリー
バラ科キイチゴ属

ヨーロッパではメディカルハーブとして重宝されてきた。ベリーではなく葉を用い、とりわけ女性の出産の際には、なくてはならないハーブティー"安産のためのお茶"として利用されてきた。特有の芳香成分であるラズベリーケトンが、脂肪を分解する働きがあることがわかってきた注目の果実。

シマバライチゴ
バラ科キイチゴ属

国内では長崎県と熊本県にしか分布しない希少なイチゴ。明治37年、国見町出身の植物研究家大島清氏が発見し、牧野富太郎博士が命名。私も天草と島原でこのイチゴを発見したが、イチゴが房状に付き、ゴージャスさに圧倒された。生薬では高粱泡根、高梁泡葉と呼びお茶やリキュールなどに用いる。

ダマスクローズ
バラ科バラ属

オイルは約2,600本からわずか1gしか取れず、非常に高価なオイルである。香りの成分にはゲラニオール、ネロル、フェニル、エチルアルコールなどがあり、ゲラニオールは大脳辺縁系を通してホルモン分泌をコントロールする視床下部に伝わり、その下にある脳下垂体を刺激して性腺刺激ホルモンの分泌を促す。

ハマナス
バラ科バラ属

日本に自生地するバラの中で最も芳香が豊かな野バラ。以前はハマナスが香りバラの代表とされ、花から香油が採取されるほど世界的にも香料として重宝されていた。華やかな芳香は、きつくなく上品なパウダー系。精油成分はゲラニオール、フェニルエタノール、シトロネロールをなどである。P.44参照

レモンバーム
シソ科コウスイハッカ属

ディオスコリデスの『薬物誌』にはサソリや毒グモの解毒剤としてレモンバームの有効性が書かれ、古代から薬草として重宝されてきた。精油に含まれる成分アルデヒド類シトラール、シトロネラールに鎮静作用があるとされているため、眠りが浅く不眠が続いているときはハーバルバス等がオススメである。

レモンエゴマ
シソ科シソ属

日本原産のエゴマ。フレッシュでハーブティーやハーバルバスに用いると、非常にリラックス作用がある。共通の精油成分にシトラールが含まれており、それも納得である。特有の香気を放ち、これがニホンジカによる食害から逃れる機構のひとつと考えられている。P. 117参照

フェンネル
セリ科ウイキョウ属

世界中で愛されるハーブでありスパイス。ギリシャを旅した時、地中海に自生するフェンネルをかじった時に頭に浮かんだのは、日本の河原に生育するカワラニンジン。鼻腔を通すような清涼感が心地良かった。フェノール類のアネトールが多く含まれ、女性ホルモンのエストロゲンに似た作用がある。

カワラニンジン
キク科ヨモギ属

ニンジンと名付けられながら、セリ科ではなくヨモギの仲間。しかし、フェンネルやチャービルのような薬酒っぽい芳香が印象的なヨモギ属。フェンネルのように葉を細かく刻み、カルパッチョなどで頂くと美味。芳香成分のピネン類やクマリン類を含むことが確認されている。

コショウ
コショウ科コショウ属

香辛料の王様と言われ、世界各地の食文化に多大なる影響を与えた。インド原産だが、世界中の熱帯域で広く栽培される。果実の処理法などによって、黒コショウや白コショウに分けられる。果実にはアルカロイドであるピペリンなどが含まれ、辛みや香りは食欲増進、消化促進、健胃、駆風などの作用がある。

インチンナズナ
アブラナ科カラクサナズナ属

ヨーロッパ原産の帰化植物。全体に小型の草で、あまり背は高くならず5〜10cm程度である。道端や公園などで地面を這って生育する。葉や茎をちぎると、コショウのような芳香が香り、肉料理などではコショウの代用として使用できる。特有の芳香成分ベンジルイソチオシアネート。

ローズマリー
シソ科アキギリ属

ヨーロッパでは古くから独特の臭みのある羊肉の料理に欠かせないハーブとされ重宝されてきた。食材としての旬は、5〜9月で茎に葉がしっかり付いて香りの強いものが良品とされる。精油成分にピネン、シネオール、カンファーなどを含み、消化促進、殺菌、強壮作用、抗酸化作用が期待される。

ハマゴウ
シソ科ハマゴウ属

海岸の砂地に群生することが多い落葉低木。茎は地面を這い、半ば砂に埋もれて伸びる。夏には美しいムラサキ色の花を咲かせ、秋には球形の種子を付ける。葉を揉むとローズマリー、オレガノ、ユーカリ等、西洋ハーブを彷彿とさせる芳香があり、共通の芳香成分としてはピネン、シネオール。

ブルーベリー
ツツジ科スノキ属

北米原産でアメリカ先住民にとって重要な果物だった。アンチエイジングのベリーとして、健康食品やサプリなどに用いる。ビタミンEやビタミンCなど抗酸化作用のある栄養素を豊富に含む。

ギーマ
ツツジ科スノキ属

原産は日本で奄美以南の沖縄地方各島や台湾。非石灰岩地の林縁、林内、乾いた尾根上に生育する。果実は径5〜7mmの球形で黒熟する。ブルーベリーの近縁であるが、非常に酸っぱくジャム等に向く。

ネトル
（セイヨウイラクサ）
イラクサ科イラクサ属

古くから欧米の植物療法には欠かせない重要な薬草として重宝され、今なお愛され続けている。体の中の老廃物の排泄を促すことによって血液を浄化し、アトピー性皮膚炎や花粉症、リウマチを予防。

イラクサ
イラクサ科イラクサ属

セイヨウイラクサに比べ、葉も薄く繊細なイメージ。山菜としても旨く、ネパールで食べたネトルスープの風味そのもの。生薬名は蕁麻と呼び、リウマチ、小児のひきつけに用いる。薬湯として用いると肌荒れ、血流改善。

ローゼル
アオイ科フヨウ属

ハイビスカス・ティーとしても有名。仏桑花と勘違いされることが多いが、ハーブティーは本種を指す。赤くクエン酸などの植物酸が豊富で酸味があり、沖縄では梅干しの代用にも。エジプトではアンチエイジングのドリンク。

コケモモ
ツツジ科スノキ属

北海道、本州、四国、九州の亜高山から高山の針葉樹林、岩礫地などに自生。酸味はローゼルに近く、コーディアルやジャムで頂くと美味。α-アルブチンを含み、メラニン色素を生成するチロシナーゼという酵素を抑制。

カルダモン
ショウガ科ショウズク属

サフラン、バニラに次ぐ高級スパイスの代名詞的存在。カレー、チャイに欠かせない香辛料で、インドなどでは「スパイスの女王」と呼ぶ。精油成分はシネオール、酢酸テルピニル、リモネン、リナロール、酢酸リナリル等。

ゲットウ
ショウガ科ハナミョウガ属

沖縄や奄美群島、台湾などに群生。実を潰すとカルダモンのような芳香があり、チャイやカレー等に代用できる。カルダモンより優しいテイストで、精油成分にはシネオール、アルピネチン、ピネン、リナロール等が含まれる。

チャービル
セリ科シャク属

フレンチに欠かせないハーブ。フランス名でセルフィーユ、和名でウイキョウゼリとも。繊細なフレンチの味を邪魔しない芳香と個性は、多くの美食家が大絶賛。チャービルの香りの主成分アネトールは、主に消化を促進する。

シャク
セリ科シャク属

別名ヤマニンジン、ワイルドチャービルと呼ばれ、これは完全に和製チャービルである。春先に美しいレースフラワーを山々で咲かせ、チャービル同様に芳香成分アネトールを含み、ピクルスやハーブバター等にして私は食べる。

オレガノ
シソ科ハナハッカ属

ヨーロッパの地中海沿岸の原産で、イタリア料理で良く使う。後を引くクセのある香りは肉やチーズ等と相性が良い。精油には薬効があり、香り成分に含まれるチモールとカルバクロールには抗酸化作用や殺菌作用がある。

ヒメジソ
シソ科イヌコウジュ属

日本全土の湿った草地や林縁、山野の道端に生育し、良く似たイヌコウジュとは生育環境が異なる。葉を揉むとさわやかな芳香があり、コーディアルにして頂くと、オレガノそのもの。共通芳香成分として全草にチモールを含む。

ラベンダー
シソ科ラヴァンドラ属

古代ローマではハーバルバスとして用いた。品種も大きく分けて、真正ラベンダー、スパイク・ラベンダー、ラバンジン、フレンチ・ラベンダーの4グループがある。芳香成分は鎮静作用のある酢酸リナリルやリナロール。

ダイダイ
ミカン科ミカン属

インド、ヒマラヤが原産。鏡餅に乗せ、縁起物として親しまれる。果実の皮を採集して乾燥させたものを橙皮といい、去痰薬として用いる。葉は酢酸リナリルやリナロールが多いので、ラベンダーと主成分は同じ。

レンズマメ
マメ科ヒラマメ属

西アジア原産で、数ある豆の中で最古の部類に属し、ヒヨコマメなどと並んで重要な食物となった。近年はベジタリアンやヴィーガンの人たちから注目される。皮付きはブラウンレンティル、皮なしはレッドレンティル。

ヤブマメ
マメ科ヤブマメ属

地中にも閉鎖花を付け、土の中で果実を稔らせる。この本を書くため、ヤブマメの地下豆を掘起こしスープやカレー等にして食べまくった。舌触り、甘み、粒感は十分、レンズマメの代用に使える。P110参照

アニス
セリ科ミツバグサ属

アブサンやシャルトリューズなど古来の薬酒造りのフレーバーには欠かせないハーブ。果実をアニシードと呼び、スイーツや薬酒の香辛料として用いる。香りの主成分はアネトールでフェンネルシードやリコリスと似た甘い香りがある。

セントウソウ
セリ科セントウソウ属

北海道から九州まで分布し、湿った林内、林縁などに生育し、日本固有種である。別名オウレンダマシと呼ばれ、セリバオウレンに葉が似ていることに由来する。葉をサラダやカルパッチョなどで頂くと、アニスのような芳香を鼻で感じる。果実も噛むとまさにアニスシードである。

ホーリーバジル
シソ科メボウキ属

ヒンドゥー教の聖なる植物で、ラクシュミー女神の化身として崇められる。アーユルヴェーダでも「不老不死の薬」、神とつながる秘薬として親しまれてきた。生葉をギーと混ぜて様々な治療薬として用いる。化学成分はオレアノール酸、ウルソール酸、ロズマリン酸、オイゲノール、カルバクロール、リナロール等。

シソクサ
オオバコ科シソクサ属

関東以西〜沖縄の湿地、水田に生育する。和名の由来は葉を揉むとシソの香りがすることから。私が宮崎の水田で見つけた時、香りがまるで日本のホーリーバジルではないかと思った。精油成分はリモネン、ペリルアルデヒド。この香りの正体はペリルアルデヒドで、シソにも含まれる有機化合物である。

セントジョーンズワート
オトギリソウ科オトギリソウ属

名前は聖ヨハネの誕生日とされる6月24日の前後に花を咲かせることに由来している。悪魔に打ち勝つハーブとされ、うつ病や不安障害の一般的な処置として用いられている。花や葉をチンキに浸すと、血のように赤い色素が出てくる。これはヒペリシンと言い、アントラキノン系天然色素である。

オトギリソウ
オトギリソウ科オトギリソウ属

和名は弟を斬り裂く、つまり時代はさかのぼり、平安時代に秘伝薬の秘密を弟が恋人に漏らしたため、兄が激怒して弟を斬り殺したことに由来する。葉に見られる赤い油点は、斬り殺された弟の飛び血と言われている。茎や葉は止血などの民間薬として使われ、セントジョーンズワート同様にヒペリシンを含む。

139

覚えておきたい

有毒植物

日本全国に様々な有毒植物が自生しているが、
近年、特に気を付けて頂きたい有毒植物たちをラインナップ。

ホシアザミ
キキョウ科ホシアザミ属

植物中に含まれている白い汁液が1滴目に付いた
だけで失明すると言われている。心臓や神経系に
作用するロベラニディンといったアルカロイドを
含む。

マムシグサ
サトイモ科テンナンショウ属

全草にシュウ酸カルシウムの針状結晶、サポニン、
コニインを含み、誤食すると心臓麻痺や重篤な場
合には死亡する。

キツネノボタン
キンポウゲ科キンポウゲ属

キンポウゲ属特有の有毒成分であるラヌンクリン
を含み、誤って食べると口腔内や消化器に炎症を
起こし、茎葉の汁が皮膚に付くとかぶれる。

ジギタリス
オオバコ科ジギタリス属

誤食すると、嘔吐、下痢、不整脈、頭痛、めまい、
重症になると心臓機能が停止して死亡することが
ある。

ハシリドコロ
ナス科ハシリドコロ属

トロパンアルカロイドを主な毒成分とし、中毒症状は、嘔吐、下痢、幻覚、異常興奮などを起こし、最悪の場合には死に至る。

ハゼノキ
ウルシ科ウルシ属

アレルギー物質のウルシオールを含み、汁液が肌に付くとうるしかぶれに似た皮膚炎が生じる。

イヌサフラン
イヌサフラン科イヌサフラン属

サフランやギョウジャニンニクと間違えて誤食するケースが多い。コルヒチンを含み、摂取すると下痢、嘔吐、皮膚の知覚麻痺、呼吸困難を発症し、重症の場合は死亡する。

オキナワキョウチクトウ
キョウチクトウ科ミフクラギ属

有毒の樹液に触れたり口に含むと、皮膚炎、下痢、嘔吐、めまい、不整脈、心臓麻痺など。

トリカブト
キンポウゲ科トリカブト属

主な毒成分はアルカロイドのアコニチンなど。食べると嘔吐、呼吸困難、臓器不全などを起こし、心室細動ないし心停止で死に至る。

ドクニンジン
セリ科ドクニンジン属

毒性アルカロイドのコニインを含み、中枢神経の働きをおかし、呼吸筋を麻痺させ、重症の場合は死に至る。

索引

参考文献

牧野和漢薬草大図鑑（北隆館）

世界有用植物事典（平凡社）

日本の野生植物 改訂新版（平凡社）

生薬単 改訂第3版（丸善雄松堂）

精油の安全性ガイド 第2版（地方・小出版流通センター）

植物成分と抽出法の化学（フレグランスジャーナル社）

薬草カラー大事典（主婦の友社）

なんでもハーブ284（文一総合出版）

ハーブのすべてがわかる事典（ナツメ社）

沖縄の山菜類データベース

鹿児島県薬剤師会

熊本大学薬学部 薬草園植物データベース

イー薬草・ドット・コム

Self Care Clinic

山下智道
Tomomichi Yamashita

野草研究家・野草デザイナー・シャーマンハーブ
ジャーナリスト。生薬・漢方愛好家の祖父の影響
や、登山家の父の影響により、幼少から卓越した
植物の知識を身に付け、現在では植物に関する広
範で的確な知識と独創性あふれる実践力で、高い
評価と知名度を得ている。国内外で多数の観察
会・ワークショップ、メニュープロデュース、ハ
ーブやスパイスを使用した様々なブランディング。
TV出演・著書・雑誌掲載等多数。主な著書に『野
草と暮らす365日』(「山と溪谷社刊」) など。
https://www.tomomichiyamashita.com/

装幀・本文デザイン	相馬敬徳(Rafters)
写真(カバー・巻頭)	東堂美由紀
編集	藤井文子
写真協力	林 将之
	佐々木知幸
	東 昭史
	小林健人
	池村国弘
	松原章子
	長谷川泰明
	小林雄一
	丹羽一夫
	工藤寛代
	水上淳平
	臼井崇来人
	角 知子
	宮澤恵生
	相良真佐美
	藤井文子

野草がハーブやスパイスに変わるとき

2023年3月20日　初版第1刷発行

著者	山下智道
発行人	川崎深雪
発行所	株式会社 山と溪谷社
	〒101-0051
	東京都千代田区神田神保町1丁目105番地
	https://www.yamakei.co.jp/
印刷・製本所	株式会社 光邦

乱丁・落丁、及び内容に関するお問合せ先
山と溪谷社自動応答サービス TEL. 03-6744-1900
受付時間／11:00-16:00(土日、祝日を除く)
メールもご利用ください。
【乱丁・落丁】 service@yamakei.co.jp
【内容】 info@yamakei.co.jp

書店・取次様からのご注文先　山と溪谷社受注センター
TEL.048-458-3455　FAX.048-421-0513

書店・取次様からのご注文以外のお問合せ先
eigyo@yamakei.co.jp